一起喝杯咖啡吧！

27道人際溝通
與烘焙美食的邂逅

劉昭榮◎著

人際關係＝
個人淨值＋製造機緣＋把路人變貴人

蘇文龍（台灣尖端先進生技醫藥（股）公司董事長）

閱讀《一起喝杯咖啡吧！ 27 道人際溝通與烘焙美食的邂逅》手稿，是個不錯的經驗。因為經營企業都有管理上的死角，我自己也不例外，探究此書核心理念，從反思、落實到經營層面，真是收穫滿滿。

談到作者，他是我瑞士歐洲大學前、後期同學，初次見面，被他爽朗笑語及學生的打扮所吸引，後來在我創辦的客家青年創業論壇上不斷的接觸，他那顆真誠熱忱的心，加上可以在五十而知天命之年退休，其精采人生中必備的三寶：「老本」、「老伴」和「老友」，作者就是這樣好命的少數人，我珍視我們之間的相遇，也被作者的人格魅力所感染，對於這一點，我心存感激。

有幸拜讀此書，解開我對管理成功因素的疑惑，原來因素之一在人際網絡，職場與人生的經營是同等重要！

從公司業務單位為例，在追求業績的同時，與客戶的互動有些僅限該次交易，而業績好的夥伴，隨時保持與客戶的互動，不只在有求於人時，這才能得到客戶的信任與再次業績的果實。

本書以幸福甜點、咖啡香，作為人際關係的導體，從食物交流探討人脈網絡，將職場中、生活中遇到的或可能遇到的問題，以全新視角，從淺顯易懂的故事中，讓大家可以在職場上活得輕鬆、活得自在。

還有，作者想表達給讀者，滴水不成海，獨木難成林，孤軍奮戰的人，成功率低，我們可從高陽長篇小說《胡雪巖》的口頭禪「花花轎兒，人抬人」，指出花轎再風光，一個人無法抬起。

二百年前，胡雪巖緣於人際網絡，翻身成為清朝紅頂商人。三百年後的今天，檢視成功人士的成長軌跡，也因握有「人脈存摺」，才有現今的成就。

　　所以，過去從來不必然是未來的開端，從而可知，人際關係的重要，以及人與人之間緣分的珍貴，還有，從根本改變人際關係的動力和各種使人際關係升級的方法在這本書中也一目了然。

　　對於年輕朋友、業務工作者、中高階主管等人，有了正確的人脈觀念，人生改變就從本書開始；如果你還不太懂得如何經營人脈，這本書絕對是最佳的學習寶典，如你已清楚人際關係的經營，相信這本書可以助你更上層樓。

　　最後分享的是，因為真正的「關係」不是你認為跟他有關係，而是他想要跟你有關係，也就是要讓自己變得優秀，這才是王道。

2019 年 8 月 15 日　蘇文龍

人際溝通從理解他人的生命開始

朱媛（幼龍企業管理顧問有限公司副總經理）

劉昭榮是卡內基的講師，我認識他已超過 15 年了。

知道他一直是顧問，但沒想到他也是甜點的美食家，能把甜點跟人際關係或溝通甚至團隊合作做連結的人甚少，真是一個有趣的概念。

昭榮是位用心的講師，書中有些主角是他卡內基的學員，多年後在咖啡館的相遇，分享卡內基訓練對他們生命中的撞擊和影響。比較感動的是昭榮的細膩與關懷，身為一位卡內基講師，還在多年後追蹤，關懷學員的生命，是我們卡內基講師的典範。

此外，書中提到，昭榮的一位學員特別提到一些職場的人與人之間的競爭，她遵守卡內基「不批評、不責備、不抱怨」的原則，想到每個人都是不同的個體，因此「我不否定

別人，即使他的意見我不同意，在不否定中，也可以建立正面的人際關係。」職場中要領導人，先要從了解人、認識人開始，如何與人有正向的人際互動，永遠是建立信任的基石。

　　鼓勵大家在看這本書時，不僅從累積人脈存摺的角度去看，也可以從理解他人生命的角度去看，我們如何理解他人的生命，會影響到我們如何與他人在職場或家庭中溝通、合作與領導。

從烘焙中學習人際關係的技巧

高垂琮（法蘭司台北溫馨烘焙總經理、台北市糕餅商業同業

公會第十九屆理事長、國際華聯烘焙總會第七屆理事長）

隨著科技的進步，人際溝通的方式也隨之改變，人手一機的情況相當普遍，常常在許多的聚會的場合看到，就算只是面對面坐著，也是用手機傳送訊息；距離很近，可是心卻是好遠。劉昭榮老師，是烘焙行業的前輩，早年在烘焙原料公司擔任要職，爾後，進入「卡內基」擔任講師，期間不斷自我學習成長，並取得博士學位，不但是作育英才，更是生涯楷模。

昭榮老師藉由在烘焙產業發展多年，累積深厚的知識，結合長期在卡內基教學的經驗，於此著作中，激盪出饒富趣味人際關係的微妙，當我們在品嚐各式美味的糕點麵包的同時，其中所隱含的人生道理及人際關係處理的技巧，令讀者

在閱讀的過程中，不僅僅是學習到了人際溝通能力，從品味糕點、麵包的過程進而體悟生活中的道理，更能從中暸解烘焙產品製作工法的精華，這必定是親身體驗過的專家才能創作出讓人不斷細細品味的精采內容。

因同業的關係與昭榮老師相識，並在卡內基的課程中相遇，一直以來老師的言行就是我學習的標竿，我喜歡在社交媒體上見到他的發文，內容總是充滿著對各種的人、事、物的熱情，尤其是他自由行的分享，到世界各地品嚐美食，分享他的所見所聞，如同親臨般的真實。

藉由這本書，讀者可以體會到，每次老師的咖啡聚會，對年輕人傳達人際關係的分析與帶領，更能品嚐到各式美味的烘焙糕點、麵包搭配著飄香的咖啡，這是多美麗的人生呀！

從喝咖啡的人際往來開始

我一直相信生活的點點滴滴都是智慧的說法，細細的觀察與體會都產生很多想法，讓自己更茁壯。

發起「誰會約我喝咖啡」的活動，起源我在 FB 上的朋友數字，逐漸地增加中；有一天，突然想這些科技世界的問候與關懷或是分享，到底跟實境世界的生活可以有多少的連結？如果這些朋友只存在於科技中，似乎就是一個數字而已？可惜了些。

於是我在 FB 上 Po 出「誰會約我喝咖啡」的邀請文，意外地獲得了一些朋友的回應，從此，展開了這個由虛擬連結與實際連接的互聯活動。

而我為了不要陷入只喝咖啡聊是非的閒聊，都請要一起喝咖啡的朋友，準備幾個他自己的故事，說給我聽。我覺得縱然是一位熟悉的人，經過一段時間，他必然創造出他自己

的人生故事，那些都是獨一無二的。如果能聽到這些獨特的生活事，我想著都興奮。於是，「誰會約我喝咖啡」的活動，也成了互相交流生活經驗的行動，這正是我常說的「經驗的交流，有助你我雙方的成長與雙贏」。

在第一位朋友的喝咖啡活動後，有感於對方撥出時間分享自己的故事，而這些故事說不定對其他人也會有所同感與幫助，於是在說故事人的同意下，將他們說的經驗故事轉化成文字，提供了其他人在人際往來時的參考。

人際關係的處理與變化，每天都在大家的生活中發生，好比如：辦公室同事之間的相處與合作、打電話給客戶或供應商、跟朋友聚餐旅行、家人的互動與關懷行為等，這些必須處理與建立的人脈網絡關係，有人處理得很好，也有人不時的困擾著要如何處理的情況。

大家都了解能處理好人際關係，就可以擁有不錯的人脈網絡，這在自己目標是否達成的過程中，或平日生活是否擁有更多的愉悅感，都占有很大的比率。

這本書沒有所謂的名人，有的就是如同你以及你的朋友

或鄰居的故事，看似平凡，但每個故事都有自己獨特之處，細細地品嚐，會讓你發現人與人的來往，在簡單中也有複雜的部份，可以很隨興生活化，也可以透過系統化的學習與訓練，來強化自己的人間來往力。

有著 25 年烘焙業的經驗，與 20 年講師的經驗，總覺得這兩件看似無關，其實有著太多的相同處，在製作與品嚐世界各地的麵包與甜點，帶來的幸福感，跟一個人能在建立、維護、運用人際關係的過程中，需要的用心與愉悅感，幾乎是一樣的。所以，這次嘗試結合兩者，期望大家在拍照品嚐烘焙產品中，也可以對自己的人脈網路的形成有不同的想法。

祝福大家，人生的麵包與甜點，有更多香氣與回味。

目錄
CONTENTS

Part 2

在烘焙世界裡看人際往來

在小學六年級以前，家裡經營著小餐館，早晨有賣中式包子早餐，每個禮拜都要熬煮紅豆沙餡。下課回家，我總會轉到店裡，看看有沒有什麼東西吃。

有一次，看到我表哥，坐在鍋子前拿著一支木勺子不停地在轉動著鍋裡的餡料，正要湊前瞧瞧。

表哥就喊：「小弟！小弟！來，來，給你一件好玩的事，你坐在這學我剛剛攪動的方式，不停地攪拌。」

我說：「這要弄多久？」

表哥說：「看樣子還需要一個小時。」

我說：「要那麼久！我才不要。」

表哥說：「你幫我，我借幾本漫畫或武俠小說讓你看。」就這樣，開始了我熬煮紅豆沙餡的工作，只要我有空檔就會去店裡協助。

雖然從頭到尾，需要 3 個小時左右，我從來不覺得累，看著紅豆等材料，在不斷的攪拌中，漸漸成形；過程中需要不時地攪拌，否則會燒焦，漸漸的紅豆跟糖，融合在一起，紅豆香味飄起來，而手中的小說或漫畫也差不多看完了，在那個時光裡，沒有人會打擾，可以讓我享受自己的時光，同時也算幫家裡一個小忙。

所以，在第二天早上，我都會在爸爸把豆沙包子，蒸好起鍋時，趕緊拿上一個熱騰騰的甜豆沙包，先咬上兩口，那一股香味說不出的滿足，因為總覺得那是自己的作品之一，也覺得那是爸爸對家人守護而努力的象徵，我還會淋上一些滷肉的滷汁，一口咬下去，又是鹹的，又有甜的，家人都覺得我好奇怪，可是在當時，我還蠻喜歡這種甜鹹交錯的味道。

我會答應表哥，接下這個工作，還有一個原因，我知道他當時正在追求表嫂，當時表嫂在隔壁的店裡面工作，下午客人少的時候，表哥總想要到隔壁去聊聊天，如果我可以幫

忙，他就更有機會，人與人之間，總需要一些體諒，不需要
明說，支援他就是了，事實證明，表哥表嫂結婚後，在我們
兄弟到外地求學與工作期間，給了我父母親很大的支持協助，
有著很好的互動。

　　這是我第一次在烘焙原料製程中碰撞了人際關係，我一
直覺得食物跟人際關係是相互連接的，你攪拌著鍋裡的紅豆、
水、糖，看著紅豆粒慢慢地融入糖，彼此變成一體，你需要
時間、耐心、跟忍受熬煮過程中對溫度的堅持，就如同想培
養好的人際關係，建立人脈網路，你需要花時間與耐心也要
有所堅持。

　　夏天蹲在火爐前，擦著汗，你不能隨意停止或鬆懈攪拌；
冬天要讓溫度維持著，不受寒風影響，不讓火侯控制失序，
必須專注攪拌，同樣一件事也必須隨著季節做些微調整；如
同在人際關係建立時，敏感的察覺彼此的變化，隨著時間的
推進與彼此的成長，需要有不同方式的來往，烘焙與人際關

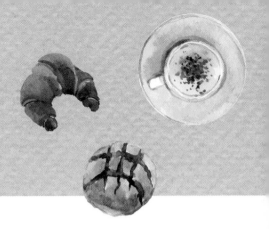

係的往來這兩件事其實是有著共同點的。

當運用人脈網路的時候，一定要維持著最基本的真誠，如同包子皮要好吃一樣，你需要掌握住發酵的環節與蒸的火侯，才能讓包子皮充滿光澤與飽滿感。

至於，甜中帶鹹的吃法，僅是讓人脈網絡的互動，添加一些驚奇，讓人脈網絡的發展不受限制。下次，吃豆沙包的時候，不妨淋點滷肉汁試試！

也請記住，烘焙人際關係的兩大重點：「烘」的時候需要「熱忱」，「焙」的時候需要「耐心」。

PART 1

在品嚐著好吃的麵包、甜點或是拍完準備上
傳分享美照的餐點時，不妨讓這些烘焙者用
心製作的產品，在自己的人際關係中也注入
一些養分。

01

有禮也敢冒險的
檸檬塔

年前 11 月中 FB 上傳過來一個訊息：

> 　　Hi 昭榮老師！我是 2011 年暑假上過卡內基的 XX，當時您是我的班主任，不知道您還記得我嗎？：）時隔好幾年，我回來台灣了，12 月 2 日離開，很想念老師，請問老師最近在台灣嗎？是否有機會和您見面聊聊？

　　這個訊息促成了我的「誰會約我喝咖啡的 NO.1」。當天，離約定的咖啡館 100 公尺時，手機訊息響起顯示：「老師出捷運站，記得要向左轉。」我回看了之前發的訊息，原來我說是：「向右轉」，MJ 貼心的提醒，讓我不要轉錯方向，尚未見面，愉快的氛圍就已經傳了過來。

　　進門的剎那，一個女孩帶著笑容站起來用親切的聲音喊了一聲：「老師」，比我記憶中的臉孔，更成熟些了。MJ 讓我坐下，幫我點了杯咖啡。開始分享近 5 年來的情況。

　　好了不起的女孩，一個人獨自到大陸念高中，一個人到英國念大學。沒有因為自己一個人面對環境的不同，而停下腳步。畢業後，應聘到大陸工作，雖然工作能力受到公司的肯定，但發現周圍有很多碩士畢業生，心想如果要在職場中更有競爭力，在專業力上需要有更深的學識做支撐；一年後再遠渡英國念碩士，全力以赴地修完研究所的課程，取得碩士畢業；目前在大陸的知名房產企業任職。

對於兩度選擇出國念書的 MJ 來說，真的很感激媽媽的支持，選擇英國，學費與生活費都很高，但當自己提起時，媽媽卻沒有說第二句話，只提醒她要把握住自己的機會與方向，努力求取知識。

　　MJ 回憶地說：當年，同時上課學習的學員分享著自己的夢想，有人想單車環島實現青春夢，有人跟她一樣到國外留學，甚至到北京挑戰念研究所，有學員分享對奶奶照顧的感恩情跟對爸爸遠赴海外工作的不捨。心中就鼓勵自己不要讓夢想空在那裡，只有行動才有機會實現，所以，在念書與工作的時候，都提醒自己要認真面對，也讓自己勇敢接受實現夢想會需要其他人支持的想法，所以，對媽媽兩度無條件支持自己出國念書，真的好感激好感激。

> 自己要有方向，別人才知道如何靠過來。
> 而懂得感謝，這樣的人脈連結會產生有機的效應。

　　MJ 說：在課程中的一個收穫，至今都牢記著。就是：「每個人都有自己的立場與看事物的不同角度。」

　　初入職場時，面對一些辦公室人與人的競爭覺得是避免不了的，有時候，自己並不認同某些同事的作法，但會用「每個人都是不同個體」，同時遵守著「不批評、不責備、不抱怨」的三不原則；秉持這樣的想法去處理職場上的人際關係，逐漸

獲得同事、上司的認同與喜愛。念完碩士後，原公司希望她能回去上班，甚至，一位高階上司要轉到另一家公司工作時，更力邀一起到新公司開創新的部門事業。

> 我不否定他人，即使他的意見我不同意，
> 在不否定中，也可以建立正面的人際關係。

當要離開咖啡館時，她站起來先送我到咖啡館門口，再回頭整理自己的物品，顯現出她的優雅與禮貌。人脈的建立與維護，在她身上驗證了幾個要點：

- 事隔多年，會主動聯絡約見面
- 會在約定的時間比長輩先到達地點
- 會先送長輩離開，然後再整理自己的物品
- 懂得分享自己的近況，也不忘關心對方

回程中不自覺的腦海中浮出：檸檬塔（Lemon Tart）。一個青澀的女孩已經長大，如同檸檬塔中的檸檬奶油醬，有著原來檸檬汁與檸檬皮的香味，又懂得再加入奶油時先要降溫，這樣才能讓奶油檸檬餡口感更柔順。人脈的建立，不管你是在那一個階段，都需要維持著自己的香味，同時調和出柔順的口感，這樣就容易吸引他人進入自己的人脈網。

MJ 在職場中雖然仍屬新進階段，但懂得遇到衝突時要先冷

卻一下，維持著自己的工作哲學，將衝突轉成助力；像檸檬塔的塔皮一樣有甜味，但不會完全蓋住檸檬餡的味道。對長輩的應對進退，不也是如此嗎？先行到達，適時提醒，微笑著讓長者先離席，人際禮貌十足加分。在塔上再擺上藍莓或草莓，就如同朝夢想邁進中，懂得感謝長輩的支持與對之前經驗分享學員的感激之心，讓整個人際檸檬塔更顯出特色。

Lemon Tart 檸檬塔配咖啡真的很搭，下次去到了臨近地中海的國家，不妨品嚐看看，跟我們亞熱帶國家的檸檬塔，是否會有所不同？

02

準備周全的
肉桂捲

「你想喝咖啡嗎？關心一下你的朋友吧！」

看到 DW 表示最近給工作煩到爆的貼文。我回應：「你太久沒有跟我聊天了。」就這樣，我獲得了正面的回應：「老師，你何時有空？讓我請你喝杯咖啡。」喝咖啡的機會有時也得自己爭取。

分享聊天的地方是 DW 挑選的。一個以黃色基調為主的咖啡館，進門來，心情立即輕鬆下來。DW 在被工作煩到不行的時候，選了一個好地方來分享，我想在這種氣氛輕鬆的空間裡，有助分享與舒壓。

DW 自行準備了一份專家烘焙的咖啡豆，香氣足，味道微酸，正好下話題。咖啡師建議我，喝他特別準備的阿里山本土咖啡，台灣的年輕人真不簡單，在地生根，時尚國際化，此品帶著本土番薯的香氣與味覺，相當有趣，這是我第一次品嚐到阿里山的咖啡。

地點的選擇與咖啡師事前的商量與準備，
DW 讓我感受到他對這次的咖啡約會的用心與真誠。

DW 說：工作上碰到一些障礙，今年換了一個主管，在領導方式、工作方向等，彼此都有不同的思維與看法，漸漸形成了跟主管的緊張關係，多次努力尋求彼此可以接受的合作模

式，似乎沒有發生效果，讓工作的樂趣漸漸地被侵蝕了；於是，轉換部門成了一個選項，在跟主管商議時，主管表示了不同的意見，但也沒有阻止他；於是，開始進行轉換部門的作業。**雖然跟主管的看法不同，但彼此仍然可以認真探討未來的方向，這個行動應該會對彼此有益。**

他記得當年我提醒他的：**一個現代的工作者，要想辦法讓自己成為 T 型職場人。在專業的深度中，仍需要廣度的知識去看目標與策略**；所以在工程師的專業外，決定再去進修國際貿易的知識與技能，期待自己是能懂顧客與產業未來趨勢的業務工程師。

我問他：「挑了那個語言為首要目標區域？」

DW 說：「我挑了阿拉伯語，因為阿拉伯語的世界，在業界是比較陌生且需要人才的，所以想挑戰。」DW 還說：「當年課堂上所學到：清楚表達自已的專長，這個技能讓我在學習期間與工作上有了很大的幫助。」利用圖表與三項結構式的說明，在做簡報與工作說明時，都能讓同事很快地了解他想表達的事情與工作內容，他說：這樣讓自己的工作效率大大的提升，在時程控管上精準度也提高。腦海中不禁隨著 DW 的話，浮現出他挑戰中東時帶著勇氣與毅力的身形。

用感激的心給對方最大的成就感，就是告訴他：
你的方法與意見，對我的影響以及我運用後的成果，
這樣人際網路的正面因子會強化彼此的連結。

我偶爾會用肉桂捲配咖啡當作下午茶；有人說到瑞典看到滿街都是**肉桂捲（Kanelbulle）**，似乎是瑞典的國民美食，瑞典的肉桂麵包，據說是添加了豆蔻粉，不同於市面上一般的肉桂捲，聽著 DW 的分享，覺得 DW 正在建立他的獨特性，坦率多樣的專長，這種獨特會讓人願意加入他的人脈網絡。

肉桂的味道，有人喜歡，有人不喜歡，團隊合作中，每個人會因成長過程與習慣不同，形成各自的工作模式與方法，而這在合作時需要一些時間來磨合，**就像肉桂捲中常會放入核桃與黑糖攪拌後的餡，團隊工作除了基本的黑糖甜度外，還需要加入一些可以齒頰留香的堅果，這堅果如同在團隊中願意且不害怕表達自己的意見與想法，讓團隊更快的融合多元化，思維更寬廣，團隊才會更有味。**

有一次，在上海吃到的肉桂捲，該店家除堅果外也加入一點蘋果，好吃極了。不會搶去原來肉桂捲的原始味道，增加了脆度，降低了甜度，努力化解原來的黏膩。在合作中，加入一些雙方可以接受的因素，發揮蘋果的作用，降低彼此因工作模式不同產生的干擾，創造雙方力量結合的機會；至於，如何找

到工作中的蘋果丁？還真是現代職場人要添加的能力。

　　肉桂捲不管你喜歡不喜歡！下次，不妨嘗試用花茶搭配看看，你會發現跟咖啡搭配之外的另一個口感。

03

添加更多元素的
貝果

YJK 傳來一個訊息：「老師，前陣子看到你被雜誌《經理人》報導的文章，得到一些啟發，希望有機會跟你分享。」就這樣我們來到了「海邊的卡夫卡」，一間創造了可以分享空間與生活的咖啡館。

認識 YJK 是在 2013 年 10 月的時候，一個熱情十足的年輕人，他在課堂中，立下了一個要到美國進修的承諾。課程結束不久，就在學員聚會的分享中，知道他落實了承諾，赴紐約進修去了。

YJK 分享說：從高職開始進入廣告科系，大學念室內設計，後來到美國念語言學校，這一路都是想要在空間設計上有所發揮，這份熱情始終驅使自己，所以，學生時期就想辦法到室內設計公司工讀。到美國念語言學校時，也是希望自己在第一時間能欣賞看懂西方的相關作品與資料。

在紐約期間，每周安排 1 至 2 個相關展覽去參觀，拼命的吸收養分。在美國一起學習的同學有時會開玩說：「YJK 你很瘋狂！」可是他樂此不疲，那段時間看了好多，吸收很多。

 人生如果沒有熱情去實現目標，就不需要烘焙人際了！

我問他：「下一步的計畫？」

他說：目前公司工作是很愉快的，但挑戰少了些，例如，

公司會接到一些國外的案子，國外廠商會希望能在他們的原有框架下設計台灣的店面，雖然可以學到東西，卻也受到限制。所以，考慮找一個可以更符合自己想要的設計方向的公司，再工作幾年，最後的目標是創業，建立一個設計整合平台的公司。

「一路走來，我的任何進修行動都是扣著自己的目標。」YJK 說，去上卡內基其實也是他實現夢想的一環，他說：「我在學生時期就覺得自己的說話，說得不是很清楚，而**設計師除了作品要讓別人認可外，還需要在溝通時，能讓對方輕鬆地聽懂。**」所以，在大學時期才會去上卡內基，那時候就是為了讓教授與同學了解自己作品的設計涵意。之後再上成人班，都是覺得要一直磨練說話的技能，聽懂委託者的想法與要求，同時也讓委託者了解他作品的用意。

> 清楚說明自己想法，讓對方輕鬆地聽懂
> 在工作和生活的溝通中占了很重的分量。

接著，他談到看到我被訪問文章後的心得：「其中，最令我受用的是老師你會將課堂中聽到的分享，加以分析後，將其中一些應用到你的工作中，這是一項很棒的事情，多方面的觀察與仔細地聆聽，反思可用的地方。老師不是單純的授課，而是很認真地思考大家的運用方式，再融入自己的生活與工作

中，這讓我由心底感到激賞。所以，我現在也開始學習這一點，如同我這幾年的旅行，說是旅行，最後都變成像考察一樣。到日本關西旅行，為了欣賞一座安藤忠雄的作品，我深入山裡就是想看看大師的作品。到香港、到曼谷，走到腳痛了，還是會鼓勵自己再撐一下，還有一件作品就可以看到了。希望自己藉著欣賞別人的作品，吸收別人的呈現方式，給自己更多的養分，這都是老師的故事激發起我的行動。」

> 藉著分享，因欣賞對方的故事，
> 而採取某些行動，這是很好的讚美與感恩的行動。
> 人際的烘焙在「焙」的方面，
> 常懷感恩之心是很重要的一環。

多年前我參加一個烘焙技術講習。有位來自美國的技師演示**貝果（bagel）**的製作過程，當我看見他將麵團放入水中先行煮過再進入烤箱烘焙，在一霎那間，我就喜歡上這項烘焙產品。直到今天，我仍不時的會去買一個來啃，一項產品要先經過沸水滾過，再進烤箱，而人際關係，在建立的過程中，會碰到滾燙的水或者高溫的環境，考驗著你的決心，沒有內在的熱情與人生的目標，就會退縮不能成就最後的美味。

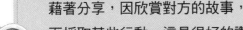

你想吃貝果時，會考慮要配那種果醬、或起司、或火腿等，夾入已成形的原味貝果？建立人際關係時，不斷的在其間分享

自己的想法跟經驗，讓彼此的互動，有更多的味道與色彩，這對於豐富雙方是很重要的。

近年來，除了原味貝果外，更有多種材料直接加入麵糰中；有藍莓、肉桂葡萄乾（Cinnamon raisins）、罌粟籽（Poppy seed）等，讓人可以有更多的挑選與滿足。每個人脈的維護，需要不同的因素，不管你加入那些元素。記得在自己的人際麵糰中，加入對方的經驗與建議材料時，找個機會回饋給對方，謝謝對方，這樣，彼此的關係口感就會更加多元而美味。

不妨，明天就去找個貝果、倒杯咖啡，思考自己的人脈經營吧！

41

添加更多元素的貝果

04

滿滿甜意的
南瓜派

在樹下的咖啡座聽著 Ann 分享這幾年的成長，頓時感覺天空亮了起來，在我印象中 Ann 就像陽光一樣的開朗。

Ann 說當年會想去上課，原因是覺得自己跟朋友相處時，因自己害羞的個性不是很順暢，自己知道如果不會跟人相處，對未來一定會有影響。所以，跟媽媽說想利用時間去上卡內基的課程。

我問：「媽媽怎麼會答應？」

Ann 接著說：「當時常常會跟媽媽拌嘴，我拿課程表給媽媽看，其中，有提到可以協助年輕人如何跟爸媽更融洽的相處，就跟媽媽說，這樣我也可以去學如何跟妳溝通，我們之間會處得更好；課程還會教我其他的技巧，媽媽考慮後就答應了。」Ann 還沒上課就懂得由他人角度看事情的溝通技能。

站在對方的立場思考，
取代直接的要求，容易贏得雙方的合作。

Ann 說：課程中，經過講師的提醒跟不斷地上台發表，聽到很多同學的分享，整個課程感覺「很舒服」。這還是我第一次聽到有人這樣描述上課的感想。

課程結束，也是進入大學的時候，在學校裡各項討論或要上台發表時，Ann 說：「我開始會主動積極表達我的意見，漸

滿滿甜意的南瓜派

漸成為組裡重要的一員。有時候還要代表小組發言，不會如同以往在高中或朋友間都是配角或協助的角色。」

　　她接著說：「所以在新舊朋友間，對我的印象是不同的；舊的朋友對我仍有以前文靜派的印象，而我藉著暑假卡內基的訓練，讓我有機會突破舊有的形象；所以，大學同學一接觸我時，就建立了我上台發表不緊張，可以代表發言的品牌形象。」

　　我說：「你喜歡這個轉變嗎？」Ann 回答說：「我喜歡，這樣我可以交到很多的朋友，增加自己對不同世界的認識，但後來，我也發現一些情況，認識太多小團體，有時也會迷失，自己到底屬於那個小團體，沒有團體的歸屬感。因此，我在轉校後開始調整方式，先選擇一個小團體融入，再藉著團隊與團隊的交流，讓 3、4 個團體都接納了自己。」我覺得這樣很好，**以一個核心圈為主，再慢慢地擴大交流圈，也可以讓原有的核心圈朋友有機會注入新血，不會僵化成永遠的同溫層。**

> 欣賞並喜歡真實的自己，反思後有勇氣改變，
> 有了方向，自然可以吸引更多的人脈網絡出現。

　　Ann 說：「講師說過跟人交往要有三不：**不批評、不責備、不抱怨**」，她一直遵守這一條，周圍的人很快地感受到她的正面能量，自然就喜歡跟她在一起。她還記得跟朋友談話的時候，要先談論他有興趣的話題或對方的事，她發現大家都喜歡

談自己的事，而且，藉著對方有興趣的話題，懂了很多以前不知道的事。

她分享：有一次在上課，有個疑問，我問旁邊的同學，教授認為我是在聊天，干擾上課，就瞪著我，要我出去，我也沒有反駁，就安靜下來。

事後，很多同學都說：「教授怎麼可以不問清楚就隨便叫人出去。」

我就笑笑地說：「沒關係！沒事。」

同學說：「你怎麼可以這樣樂觀？」

我說：「每位教授都有自己的上課習慣，下次我有疑惑時，我知道要先問教授了。」

我就抱著這樣快樂的心情完成我的大學生活。

Ann 還說：上班後，上司有時候會在工作的某些地方有點故意刁難，例如：我負責的事情是跟司機討論送貨，以及司機回來後結帳的作業。

有一次上司問我：「你結帳沒？」

我說：「帳我結完了。」

她就說：「我不是說結帳啦！我是說關燈了沒？」

同事都看不過去了，有次，在吃飯時。

同事問：「你沒感覺嗎？她故意刁難你耶！」

我說：「喔，我知道。」

同事說：「妳可以講回去啊！」

我說：「沒關係，她在某些地方對我也很好。」

同事說：「妳也太不會計較了吧！」

後來，上司有時候還會邀請我跟她們家人一起吃飯，漸漸的兩人的關係不同了。

> 在人際往來中，記住他人的恩典，
> 比記住對方的不是更重要。

看著菜單中的甜點項目，標示有**南瓜派**，在陽光輕輕曬著，風微微吹著，聽著 Ann 的分享，覺得這時候來一塊南瓜派就對了。

南瓜的甜味就像人際關係中的「不否定對方」一樣，自然的甜度會溫暖彼此的心，沒有所謂的你贏我輸，讓配方中的牛奶與南瓜融合得更柔順。而南瓜餡倒入派皮後，一起進烤箱，這時，正是欣賞自己，喜歡他人的真誠所形成的人脈風格，會讓香氣四溢。

當年來到美國的清教徒，為了感謝當地印第安人伸出援手，協助他們建立家園。在秋天收成的時候，都會舉行感謝印地安人的感恩聚會，其中的料理之一就有南瓜派，保持著真

誠，感謝對方，願意分享自己的收成，南瓜派就像 Ann 勉勵
自己一樣，在陽光中建立起人間來往中的甜味。

滿滿甜意的南瓜派

05

拉出高度的
可頌三明治

這公園來了好幾次。在捷運中，你可以感受都市移動的快速與方便，出了捷運，立即發現身處公園內，可以享受都市中的寧靜與優閒，有陽光、有綠陰、有閒坐在其中的人們，走上幾步路，就有咖啡可以享受。以前叫「新公園」，現在更名為「228公園」，不知對社會與後代而言，換了名稱是否會更具有包容的胸襟？

DC已在咖啡館中，見面後那熟悉又熱誠的聲音讓咖啡更香。DC說起了近況，現在再次回到學校的政研所攻讀碩博士。每次聽他分享自己，總能在他身上發現新元素，就如同他在課程中，設定要學二胡，而在幾週後，就在課堂上用二胡演奏出完整的一首曲子，讓自己不受限是他的特色。

DC分享著他的工作歷程也是如此。第一次轉換工作，因為發覺到自己因制度的權力運作關係，讓某些更有經驗者不得不聽自己發出的通告，開始產生自己是否真的成熟之疑慮？**沒有因為所屬單位給予自己的權力而迷失，人脈的健全發展需要謙虛的常檢視自己的成熟度。**

第二次轉換工作，在完成單位對外報告的SOP資料庫，經過兩年的運作，證明成效後，不希望自己陷入停滯的現象，再度轉換工作，接受不同的挑戰。

DC說：在這段工作時間，發現同事中某些人，很快地就能抓住各項工作的重點，體會到自己的不足，認為碩博士的研讀與訓練，應該會對自己關心的「法律與政治的連結」議題有

拉出高度的可頌三明治

幫助，毅然報考研究所。再次回到研究所，因為有明確的目標，發現比工作時還忙；收集資料／提出看法／跟教授討論／觀察世界趨勢／了解不同文化與地區的發展／發表文章……等；每天回家的時間都很晚，因為這樣，獲得以嚴格出名教授的認可，常有機會派到國外參與各種研討會。

聽 DC 的分享，你不會無聊，**因為你會發現一件事，不停將新元素放進自己生命中的人是值得你花時間聽他說的。**

人間來往重要的連結，是能分享自己的成長與目標，這樣的人你也才願意放進自己的人脈網絡中。

DC 在大學是攻讀法律，養成了一些法律人據理力爭的習慣。他說在服兵役期間，這種據理力爭的習慣跟軍中的文化常產生衝突，導致跟軍中長官的摩擦不斷。有次休假時，他逛書店看到一本書《卡內基溝通與人際關係》，在書店中翻閱，發現「原來事情可以如此處理」；就忍不住再拿起書架上另一本紅皮的書《如何停止憂慮開創人生》。看完後，大有嶄穫。

在服兵役期間，嘗試運用書中所言，發現跟長官的關係大為緩和；工作後發生人際關係盲點時，都會不時地翻閱這兩本書參考。後來覺得看書都有幫助了，如果去上課，應該會更有收穫，就這樣踏進了卡內基教室。

DC 說：我在之前的單位裡，因為下班後的員工社團活動，租借場地時跟管理人員發生據理力爭的情形，雖然在法理上，單位同仁與管理層都承認 DC 的論點是通的，但雙方的關係陷入緊張的情形，事後 DC 認為自己只想到合理合法上去說服大家，卻完全忽略了人間來往的情感。簡單說，就是不留面子的爭取，造成管理場地的整個單位，對 DC 有意的疏離；DC 告訴自己不能讓這情形一直下去，因此把跟對方關係改善，列入來上課的目標之一，同時他請另一位同事協助，請他婉轉地跟對方溝通，雙方的關係才稍微緩和些。

過了一年，公司員工旅遊時，DC 在車上刻意的挑一個能跟對方可以聊天的位置，一路上，聊聊對方的小孩、家人與工作，這才真正地恢復了同事之間的和睦與情誼。DC 說：「這件事，我花了快一年的時間去修補人際的破洞」，之所以願意花如此長的時間，**是認為寧願去培養 100 個讚友，也不要去樹立一個怨友，體諒他人，留更多的空間與時間給對方，彼此就會有良性的互動。**

在人際關係中，
你要將對方變成敵人還是朋友，這是可以自己做決定的。

他說：「我以前工作單位裡，有兩位不同部門的上司，我觀察他們倆，從來沒有見過他們罵人，甚至覺得他們似乎沒有

怒氣，有問題時，總是說，來！我們來找出解決問題的方法；到他們的面前做報告，都不會害怕，也不會緊張，因為知道這兩位上司有很大的包容力，這是一種典範。」

於是，DC 決定：「我要想辦法培養這種包容力。」有一次他們一個團隊要到海外參加研討會，研討會要報告的內容，大家都很快達成共識，住在那裡卻卡住了！男生以舒服為考慮，女生以靠近研討會為考量，舒服就會遠些，靠近就沒有那麼舒服，但安全方便些；眼看時間逼近，住的地點仍難下定。DC 就做了一個比較表，將兩個飯店的優缺點，分別列出，提供給大家做判斷的參考，很快地大家就想到了解決的方法，就算「我不同意你的意見，我也可以不否定你」，這是經由典範學習而來的。

現在 DC 在學校也要協助教學，對於年紀比他小一個世代的年輕人，他溝通的方式採取「鼓勵與包容」。在班上，有一位宅男型的學生，內向羞澀，不知如何表達自己的意見，於是DC 在課堂中，讓每個人都需要上台分享自己關心的社會議題。同時告訴學生，如果你一直害怕，以後你如何拿到契約。這位宅男型的學生，一年後，出現在跆拳道社的練習中，與系學會總幹事選舉的會務場合，DC 驚訝地問他，學生回答說：「老師，我在你的課堂上學到了我要改變，而我也想要改變。」**這就是一種無形的溝通，在年長者身上找到可學習的典範，對年少者鼓勵參與，表達自己。**

柔和待人，拉高自己的高度，創造貴人式的人脈網。

不知道大家喜歡吃**可頌麵包三明治**嗎？這是為紀念奧地利維也納的麵包師傅而流傳的麵包。當年麵包師傅發現入侵者時，快速的通知自己的人起來對抗，才得以取得後來的勝利；事後，國王為表示感激之意，特命做一款慶祝勝利的紀念麵包，充滿了傳奇與口感。

在製作過程中，基本上要將麵團夾入片狀奶油，經三折三次，就像要建立一個充滿喜樂的人際關係，有時也會經過一些轉折，就看你有沒有如 DC 一樣，碰到困難時，仍願意經過輾壓、轉折，去建立如可頌麵包一樣有層次的人際關係，每個層次都因為片狀奶油的關係更加顯著，給對方更多的空間與時間，就像片狀奶油在可頌麵包中的角色，提供香味與層次。

可頌三明治起源於維也納，在法國發揚光大。**你永遠不知道人際關係會在你生命中何時發揮作用，拉高自己的高度，可頌麵包在製作過程需要經過冷凍，不要害怕冷凍庫的冷，在拉高自己高度的時候，會有段受冷的時期，那是必須的。嫌單調就加入一些西班牙的生火腿與青綠蔬菜，增加一些風味，讓自己變成美味的可頌三明治，促使年輕人與年長者都願意接近你，你將成為人脈網中的貴人。**

聽說，在西班牙巴塞隆納，有一間五星級的可頌麵包，不知道會不會引進台灣設立分店呢？

06

多角度的
照燒燻肉佛卡夏

人都會有一個永遠無法忘記的夢想與目標！

Jen 說：「我從念書的時候就想到國外念書，體驗遠赴他鄉學習的生活。」學生時期，沒有機會實現這個夢想；在工作一段時間後，部門有機會可以申請到美國做專題研究，雖然只有半年的停留時間，在取得先生的諒解與上司的支持後，不顧其他周邊反對的聲音，如孩子只有 2 歲多，這個研究也不會對妳的升遷與薪資有幫助，但那股想完成到他鄉念書體驗生活的慾望無法平息，毅然做了決定。

到了國外，拼命對專題做資料收集，分析推論等各項相關研究；連指導教授與團隊成員都感受到這股熱情，都希望 Jen 能再多留半年或一年，順便取得學分，甚至拿到學位後留下來；但對 Jen 來說，繼續留下來或返國，久久無法決定。

Jen 說：「最後，讓我毅然返國，沒有繼續攻讀學位，主要是女兒的一通越洋電話。」那天，一如往常地跟女兒通電話（那時視訊還沒有那麼普及），講著講著，女兒突然說：「媽媽，妳等一下。」接著，聽到女兒用很大的聲音不知跟誰說：「我就說，我有媽媽，看她在跟我講電話。」在聽到這句話的時候，Jen 說：「我只有一個想法，飛回台灣，回到家人身邊，世界上沒有什麼比家人更重要。」

多年後，女兒進入高中，先生事業穩定，這個出國進修的夢又再度翻騰。這次在家人的支持下，Jen 申請留職停薪一年，到美國攻讀 MBA。仍然像當年一樣努力進修，每項功課都在

A級以上；同時，也不忘多方體驗，可以跟著年輕的同學，開一天的車子，只為了看「總統石」；可以欣賞來自法國的同學，不把學業而把生活體驗放在第一位的哲學；可以忍受華人喜歡說八卦的習慣；嘗試接受美國人的直率……等，這些種種讓Jen開啟了一個不同的思維。

學會計出身的Jen，養成對事物處理一板一眼的態度，但企管的廣度與深度，同學們來自不同的國家有著不一樣的文化，在小組共同報告中或平日相處時，需要更多的彈性，才能有愉快的合作。Jen說：「研究所課堂的學問，不一定能在目前的工作中運用，但在處理事物與他人相處上，讓我更懂得『從他人角度看事情』。」所以，女兒在大學畢業，準備就業時，要選擇進入公務系統或一般私人企業，她都很有耐心地聽女兒自己的想法，讓女兒自行決定，現在，女兒正努力地念書報考高普考。

追求夢想的當中，
也可以修練人間來往力：從他人角度看事情

Jen說：「因為組織的變動，過一段時間，應該會調動部門，說不定會回到多年前的單位。想想當初被調動的時候，心中有些不舒服，因為從總部調地方單位讓自己挫折感很重。」

但回想這幾年，因工作量沒有那麼大，沒有那麼繁雜，讓

自己每年的休假正常，而有機會跟家人一起到歐洲等地旅遊，生活相對而言是很愉快的。Jen 說：「我現在對生活更樂觀了，更會用正面的角度看待事情。」

Jen 說：現任的主管上任時間不是很長，有時會對工作碎碎念，或有時候突然發脾氣；一開始覺得很難相處。但是，Jen 想起課程中，**練習要先看他人的優點及有不同意見時，要讓緩衝句放前頭**。就想：「主管為何會有脾氣？如果我是一個單位的主管，在說明想法或意見的時候，有人直接點出法規上不行這樣或規定不能這樣做，我也會不高興，表明了在指我不懂事務，一點面子都沒有。」

Jen 說：想到這個點，她改變了表達意見的方式，當主管的意見或作法，在法規或規則中有所不妥時，會先說：「主管剛剛說明內容中，那是很棒的方向或很有意思的做法」，然後再說出有幾個地方是否再研究或探討，漸漸地，主管的口氣緩和多了，或會主動找同仁針對不合宜的環節再討論，讓單位的工作氣氛與彼此的相處大大的改善。

 大家都需要別人的肯定，維護對方在團隊中的面子，你就可以獲得對方支持的裡子。

Jen 還說：「這一陣子覺得管理者真的不容易做。」部門中有一位同事，承辦業務過程時常常遺漏某些部分，提出的報

告鮮少一次就完成，而說話時，在音調與口氣上也讓人不是很舒坦，如說話聲音很大，也沒有禮貌地稱呼對方某先生或某小姐，很遠的地方就直接呼喊：「喂」，或者只喊對方的職務：「喂！會計，喂！工務」……等。

當發現她呈報的文件有錯誤，提醒她時，她常會無所謂的回答說：「你發現錯了，你幫我改就好了。」或提醒她：「這文件需要你的主管簽核。」她也像沒事似的說：「喔！那我再找主管簽核過。」可是這個作業程序她已經承辦過多次。

Jen 說：這位同事有很多業務會跟我承辦的工作有關。為了不要彼此面對相關事務時有衝突，「我一直觀察這位同事的優點與她接收事物的模式。發現她人很直率，接收事物很簡單；如不要給她資料自行研究，就直接告訴她這事情需要哪幾個步驟程序，漸漸的，在採用對方的模式溝通後，發現兩人對很多的作業就趨於一致。」

過陣子，Jen 告訴我，她調回原單位了，這次，用正面的態度去面對。當主管表示：「很抱歉，目前安排的工作內容，都是片段片段的小事情。」Jen 帶著微笑回應：「沒問題，只要部門要處理的事情，我都認為是很重要的事，會好好處理。」

當同事口氣不是很好的說：「這件事的處理條例在 XXX，妳要依照這個方法作業。」該同事的口氣引起其他同事的側目的時候，Jen 都用感激的行動回應，心想對方在這方面研究了 10 幾年，願意告訴我做事的方法是一件很棒的事，又可以學習

新的事物了。Jen 試著跟以前有些疙瘩的同事，在早上初見面時，帶著微笑與熱忱打招呼。Jen 說：「何必讓疙瘩存在，微笑與熱忱應該是重建關係的開始。」

不一定要有職位才能帶領對方，
找出對方可接受的模式，就可以發揮領導力。

我滿喜歡吃**佛卡夏麵包（Focaccia）**，橄欖油的香味加上淡淡的香草，偶爾，還可以咬到黑橄欖，整個麵包介於半硬半軟；心血來潮弄成三明治，就是一個很棒的輕食。**人際來往，彼此正面的互動，肯定別人，留心對方在團隊中的貢獻，就像佛卡夏中淡淡的香草味，能調節彼此的差異，讓來往更有韻味。**

半硬半軟的麵包體，恰如 Jen 一樣，在人際來往中，不要失掉自我的目標。有人喜歡歐式硬麵包，有人喜歡日式軟麵包，但你可以展現自信的自己，一半硬一半軟，找到自己的空間，也可以在人際網絡上有更多不同型態的人出現。

很多麵包都可以拿來做三明治，而佛卡夏三明治在很多咖啡館都有供應。我想是因為供應麵包前的烘烤加熱，會飄出香草與橄欖油的香味，給店裡的空氣帶來一些變化。當你不否定他人的時候，你就開始影響整個氛圍，正向的人際關係就會像佛卡夏三明治的香氣充滿咖啡館。

一直以來，我吃的佛卡夏三明治，都是麵包做外層夾住各種食材的包裹式三明治。那天，經過一間麵包店，我被一個麵包「照燒燻肉佛卡夏」吸引住，忍不住走了進去，買了一個吃吃看，只因為它是「佛卡夏開口式三明治」，入口跟以往有不同的感覺，麵包與食材同時呈現在嘴巴裡，跟包裹式的先咬到到麵包，再嚐到食材，各有巧妙，但是，我還是喜歡微熱的佛卡夏包裹式三明治麵包。

　　你喜歡哪一種佛卡夏三明治呢？

多角度的照燒爐肉佛卡夏

回饋恩情的
維也納牛奶麵包

上週，我報名參加一場名為「說麵包」的讀書會。主講者其中一位是現任的台北市糕餅公會的理事長高先生，他本身也是一個連鎖烘焙店的經營者。

　　他訴說，當初參加糕餅公會的初衷，是相信整個烘焙產業發展好，經營烘焙者也會跟著好，消費者更會受惠；所以，自從進入公會，1991 年參加第一次烘焙展後，就一直想著如何讓產業與消費者互相的鼓舞提升，消費者要求提高了，會促進烘焙業思索如何滿足消費者而進步，烘焙產業的腳步快了，會引導消費者如何由單純的品嚐烘焙產品，進而跟生活品味結合，藉著業者跟消費者的互相溝通，讓台灣烘焙產業可以站上世界浪潮的尖端。

> 這是一個很棒的初衷思維：產業的發展跟人的生活結合，
> 讓產業更有生命，使生活更有樂趣，
> 而人際來往也是要跟日常生活結合才有意義。

　　高先生除了在經營事業有成外，他們夫妻時時永懷感恩的心。在我認識他的期間，他跟我分享幾件事情，他說：當初因經營不順暢，曾有過要收攤的念頭，於是，連絡台東某個機構，萬一需要結束營業的時候，希望能讓孩子有個地方安置，該機構知道他的情形後，立即答應。

　　後來，因為公司員工大家奮力一搏，掌握機會，讓公司由

谷底翻身，安置孩子的計畫沒有執行，但一直以來，都沒有忘記該機構願意伸出援手的溫暖，至今，每年都會對該機構做些捐助等實質回饋的行動，十幾年來從不間斷。

第二件事，高先生每年都會安排內部員工的進修訓練。期間有些人，我知道在高先生的企業裡只會做兩年的實習生，或因家庭因素只能再工作一年，或要回到自己國家只能再做兩年，他都要求全都要參加進修課程。

我問他們夫婦倆：為何願意投資讓這些明知道以後不會替企業服務的員工受訓學習？

他們說：早年他們服務的公司老闆廖先生，對於員工的進修也都是不計較，在那段工作期間，因為公司安排的進修，在他們的職業生涯中相當受用。所以，他們想回饋廖先生最好的方式，就是讓現在自己的員工有進修的機會。無論他們是否會繼續替公司服務，也希望這些學習可以幫助所有曾經在公司服務過的員工。

第三件事，一般烘焙店無論生意多好，在打烊的時候，偶爾還是會有一些當天沒賣完的商品，有些店會在打烊前做折扣促銷，將商品完售；有些就直接當廢品處理掉，有的會調整產量減少生產；但高先生的處理方式是聯絡食物銀行，同時會很詳細的向食物銀行的人說明，產品的保存方法與賞味期限，他說：「這是可食用的，讓需要的人食用比促銷還有意義。」

這是一個感恩的競爭力。當你可以對前一任的上司或老闆常懷感恩的心，你就會看到他成功的地方，進而開啟自己的思維。

當你提供工作夥伴進修成長的機會，也讓自己周圍的助力更強大，自己會更有時間思索戰略的部分，不會陷入戰術的漩渦中。

當你讓員工感受到公司的產品可以幫助需要的人時，你正在建立公司優良的核心文化。

高先生送了我幾條，他們的明星產品——**維也納麵包**。這麵包是網路上也需要排隊的有名麵包，他都是冰著賣，每次我咬著的時候都會想到，當這個麵包從冷凍庫中取出時，不就像是人生中各階段會發生的事情——有人中傷你、排擠你、抱怨你或者你工作不順利，人際關係在冷凍冰點上，要咬嘛咬不動，不咬嘛心又慌。為了可以入口，你會將麵包取出回溫，檢視自己人際網路的情況。

於是，你耐心的等回溫，或者放入烤箱中微微的加熱，就如同人際關係的重建，總要做點事，讓自己跟他人的關係改變，或者耐心地維持自我，慢慢讓香氣出現。時候到了，一口咬下，軟軟的咬感，夾著麥香，搭上合宜的奶油混合著糖的口感。一霎那間，香甜佈滿整個嘴巴。滿足感直衝腦門，**你會發**

現自己的耐心等候與加熱作法是值得的，人際關係的回饋漸漸的在生活中發酵。

又或你在烘過的維也納麵包中，夾入用醋浸泡過的小黃瓜與木耳，一口咬下微溫口感中帶有酸酸的冰涼感和獨特的「軟麵包脆度感」，人際關係加溫中不妨加入一些創意行動，會有更多人際烘焙的樂趣。

長存感恩的心讓麵包更有香氣！不知道在維也納是否可以找到這樣的「維也納牛奶麵包」？

回饋恩情的維也納牛奶麵包

08

常自我改造的
流沙可頌

XG 在職場上是一位很努力的人，跟她合作會讓你有事情交給她，這件事大概離完成日期不遠了這樣的感覺，她有很好的觀察力，在課程中有幾位想更進一步進修的畢業學員，回到班上扮演協助的角色，每個人都有自己的目標，而 XG 會觀察彼此間的進展與方向。

她說：「我很喜歡老師能提個方向，其他的就讓學長們自己去體會完成。」例如有一次一位合作的 GA（畢業後，回到教室協助課程進行的學員）說：每週自己都會看《商業週刊》，但每一期都要看很久才能看完，覺得要花好多的時間，老師適時的提醒；可以換個方式，先看大綱，看完大綱之後再想想這一期那個部分你最想了解，依照大綱排出看的順序，然後依序看，完成前兩個部分後，把心得寫下來，還有時間再看其他部分。

她說：「我真的很喜歡如此，有方向，但留下一些判斷與進行的時程讓自己擬定；在職場上也希望上司都能如此對待，會對自己有更多肯定的機會。」

XG 說：「自己在公司裡的經營管理部門工作。這職務對別人來講是有些詭異的，似乎覺得我都是跟別人要資料，但對提供資料的人，有什麼幫助卻一時說不上來」，所以在跟其他單位平常來往都還蠻好的，可是如果去要資料的時候態度就不一樣，這兩種不同的被對待方式，讓自己還蠻受傷的，也促使自己興起「自我改造」的念頭，而走進了教室。

常自我改造的流沙可循

人脈的形成是需要常常「自我改造」，
才能創造機會，逐漸地擴大範圍。

XG 繼續說：「這次讓我醒悟的『就是站在別人的立場去看事情』，在上課前，跟別人要資料，我很單純的想這是工作中必須要做的，就很直接了當的告訴對方，你這個部門的績效相關資料在某月某日前要交給我，上課後我想：這樣的說法會不會造成，我只會要資料，對他們又沒有任何的幫助，只是增加他們工作份量而已。所以，在提供時，態度大多不是很好？我開始認真的看待這件似乎很簡單的事。」

XG 記得，在要製作年度計劃的時候，之前都是直接的告訴對方，「你要給我，明年的營收跟毛利等等一些相關的資料，同時問什麼時候要交給我。」他們第一個反應就是：「喔！工作又來了」，在配合態度上就顯出不是很愉快。

XG 說：當自己啟動「站在別人立場看」的模式，開始思考，他們給我資料後，我可以回饋什麼？

所以，從那個時候開始，「他們給我資料後，如果我發現那邊有錯誤的，就會告訴他們，數字裡面有些狀況，可以如何做修正，或者，因為我們是一個小公司，我就主動的做修正然後提供回去給他們，並且我問：這樣子修改行不行？」漸漸的，他們覺得提供資料給 XG 也是有好處的。

XG 說：「其中，有一位同事跟我碰面基本上是不會打招呼，

後來因為我回饋了幾次相關資料的修正，同時在早上，我看到他，我就會主動的說早安，漸漸的由打招呼問安開始，再藉著資料的回饋互動，改善了兩個人工作上來往的關係，資料取得的愉快感與正確性都獲得改善。」

沒有情感連結的合作，只是工作，
能給對方反饋，才能讓彼此在工作上合作愉快。

XG 說：「我還蠻喜歡這樣的工作氛圍，我站在別人的立場想，當然別人也會站在我的立場去想，大家一起把事情做好。」

有一陣子公司進用了有很多新人，時間點上剛好是公司要做年度預算，每個部門，人人都有一堆的工作要完成，而且有時間的壓力，所以聚在一起的時候都會抱怨為什麼要那麼趕？那麼多工作怎麼做得完等等。

我聽了幾次以後，就跟他們說，「我們大家一起來想如何在有限的時間內完成這些工作吧？」彼此開始有交換意見的意願，後來這件事更獲得長官支持，就召開一個相關部門的說明會，也建立一個窗口，確定整個年度預算的流程與時程，需要哪些資料，需要使用的格式與報表，陸續的確定下來，接著讓相關的人員了解。使得整個年度預算工作順利進行。這個行動讓她學習到了「如何組織人員，如何跟整個組織部門溝通，使

大家在正面的思考中完成任務。」

　　正面思考的養成，可能跟 XG 待過的單位主管有些關係，她印象較深有兩位，是兩個不同典型的領導，一位是生產線出身，卻很有耐心，他會專心聽你說話，也會提醒你，如果要改變工作的做法，是否有先跟其他單位的人員溝通？養成了要去跟他報告事情前，自己就會到有關的部門或人員，去說明自己準備報告的內容，問問相關人員是否有其他想法，才去跟主管報告；「我在他退休前，都可以見到同仁進進出出他的辦公室，我不知道大家去跟主管談什麼，但他們都是面帶笑容進出。」

　　現在的主管是財務出身，常會出現情緒性的工作批判，不時的會挑些工作上的毛病，有一段時間甚至懷疑自己的工作能力是否太差？主管調來的時候，帶著一位同事一起過來，該名同事的工作表達也非常直接而強烈，發現工作中有些不妥的地方，就直接報告主管，這樣的情況，讓部門的工作氣氛很緊張，人員流動很大，在兩年之中就走掉了 6 至 7 人。

　　她一度也想轉職，「有一次反思中，我想自己應該轉個念，站在主管的立場思考，我發現他的思維跟財務出身有關，如果練習用財務的觀點就會容易溝通，因此我有一段時間大量閱讀有關財務的知識，同時調整我的報告模式，在報告的時候先把結論說出來，比如說，我會說這裡兩張表單有差異的地方，造成無法判斷的狀況，然後再說得詳細一點，我發現這報告的方式，主管就不會嗆過來，會耐心的聽完再指示下一步。」

了解主管的思考模式，如何讓他在你開始報告的時候就注意到你想報告的重點，同時為了跟上主管的步調，XG 對財務有了更多的認識，「不馬上排斥對方，想方法多了解對方，是這位主管帶給我的。也因為這兩位不同風格的主管，培養的工作模式，讓我正面思考的習慣逐漸養成。」

　　人總是喜歡跟具有正面思維的人在一起，
　　在不順的時候觀察思考，而不是抱怨，
　　就容易形成正面思維，創造自己的人脈吸引力。

　　台灣最近流行「**流沙可頌**」麵包，這是結合了香港的奶皇包餡與西方的可頌，經過些許的改造創作出來的，我知道這款麵包是由一位東南亞的大師介紹才知道的。

　　20 幾年前帶著家人到香港旅遊，熱熱的奶皇包吸引了我們的注意，品嚐下覺得鹹蛋與黃油結合的香味充滿口中，頗有港式的特色。

　　經過了幾年，因工作關係到廣州拜訪客戶，在地同事極力推薦地道的廣式點心，席間對奶皇包還是有很大的好奇心，品嚐下果然不凡，甚至更順口，或許原料中的奶油更醇了吧！

　　而現在流行的可頌流沙，在東西方撞擊下，讓人感覺「流動感」、「爆漿感」更驚豔，雖然仍是採取奶黃餡為基礎，但

現代感十足，配上可頌的酥脆感，完全創造了另一種口感。

　　就像 XG 的自我改造一樣，正面思維與願意溝通的心意不變，但會隨著人／事／地／時，做適當的態度調整，讓人與人的來往關係更有滑動感、更順暢、更具情感。流沙可頌以東方流動溫暖的餡為中心，用上西方酥脆的多層外皮，這樣的融合一點也沒有違和感。

　　人際的融合在品嚐流沙可頌中，會不會讓你下次到東南亞的時候，多了一個尋找美食的旅途樂趣？

常自我改造的流沙可頌

用自信迎回自己的
天使蛋糕

S帶著微笑說：「我以後想成為一位具有心理諮商執照的教職人員。」習慣聽大家用一個職業名稱來說自己未來的職業方向，如當老師或成為一個心理諮商師，很少有人將兩者混在一起描述，這引起我的好奇，於是問她：「為何想混合這兩種專長？」

她說：在大學之前，有一段時間自己很在意同學的看法，同學的說法與評論常會影響自己的心情。有段時間同學間流傳著關於自己的一些流言蜚語，更讓自己在人群中退縮，甚至讓自己不知如何跟同學作有效的來往。逐漸地，跟同學之間有了疏離感。

有一天，在一家咖啡館吃著天使蛋糕的時候，突然一個念頭閃出，覺得自己不能如此下去，原來那自信的S那裡去了？為了突破這個情形，我到學校外的機構尋求「人際溝通」的課程，去學習，想著要找回自己的信心也希望能跟其他人來往更順利。

在那段時間，S全心投入課堂中的學習，看到了正向與熱忱的同學及講師，也讓她逐漸脫離負面思維的影響，漸漸的，找回自己的信心，「之前我對傳言的方式是就讓它傳吧！用一種消極態度去面對，但內心深處還是受到流言的影響。在課程後，我相信要改變情況自己要調整思維與方法，回到學校後，我主動請求當小老師，當班級幹部，同時熱忱負責的把事情做好，放鬆心情與同學跟老師互動，同學開始看到我的積極，我

的負責，我的熱忱，漸漸的流言消失了。」學校老師也說：「Ｓ你現在臉上多了笑容。」

這段過程，讓 Ｓ 知道可以不理會傳言，但更不可以受到傳言的影響，跟同學來往中或在生活中，其他人如何看自己，自己無法干涉，「但我就是要將『自信的我』呈現出來，把我的能力跟熱忱呈現出來。」

雖然，放出流言的同學繼續會酸言酸語，有時候更會說：「自以為人際關係很好」，在沒有上課前，Ｓ很在乎這些言論，反而失去了自我，現在懂得別人有他自己的看法，但要忠於自己，人際關係好，有能力，肯負責，不應該成為負擔，漸漸的周圍的人就接受了這個「自信的我」。因為這個學習與認知，讓 Ｓ 有了不一樣的生活，激起了以後也要變成一位可以幫助他人的人，所以想成為一位具有心理諮商執照的教師。

 尋求方法，積極面對困境，展現自信的我，才能開花。

Ｓ 曾經申請回到訓練課程中擔任志工學長，她說：想知道除了激勵自己以外，是否可以激勵他人，鼓勵別人，所以在當學長的期間，一直觀察講師在做那些事，如何激勵鼓舞學員，用另一個角度去學習，同一時間 Ｓ 也到一家音樂中心去擔任音樂老師，為了做好音樂老師的工作，在學長期間，Ｓ 認真的體

會觀察講師，試著從他們的角度學習，他們是如何關心學生？如何引導學生？S說：「這對我的幫助很大。」

　　S在音樂中心的學生，大部分都是屬於小學階段的小朋友，有很多都是家長要求他們學的，其中有個學生T，在第一堂課，初見面時，T用很排斥的眼光瞪S，幾堂課下來，他也不太理S，每次要他彈一首曲子，他都要拖10幾分鐘才開始，拖到他媽媽在旁邊都快起肖，脾氣都來了；有時候還會把她的教材丟到地下，S曾經跟T的媽媽說：「如果他沒有興趣，就改學其他的才藝吧！」可是，學生的媽媽希望S能繼續教。

　　於是，S想起講師們在課堂中的行為，開始觀察T，接觸幾次後，S覺得T是一個自尊心很強的小孩，而且有天分，他跟同齡的比起來音感與節奏感更好，也願意學，只是他不希望別人發現他的錯誤或弱點，S自己也希望有天份的小孩能夠發揮。開始就很有耐心地跟他說：「你準備好了就開始！」耐心地等他，也跟媽媽溝通，請媽媽耐心地慢慢來。漸漸T願意跟S分享一些生活的事情，一開始的分享是短短的負面抱怨，如那一位老師很討厭，那個老師又出很多作業，那個老師又如何如何，逐漸的，分享越來越多他的事。

　　「我知道，他願意分享他的想法，就有機會讓上課更有效果，因此我耐心的聽他說。」同時，S開始研究調整教學方法，如何引起他更多的學習動機，如何在他學習的過程中，告訴他：「這裡你學得好快，這時候你很專心……等。」漸漸的，T分

享快樂的事情多了，學琴時也快樂多了。

　　S回想，自已學琴的階段，不學或學得不好是會被老師罵，或老師會顯出不高興，這讓自己很有挫折感，現在S告訴自己要培養耐心，懂得傾聽學生的心除了專業性外，同時也要創造孩子自己的成就感，透過擔任學長的觀察，S了解傾聽與鼓勵可以建立跟孩子的信任，讓彼此在學音樂路上更快樂。後來在教學生時，S都去試著了解學生與鼓勵他們，效果還不錯。

懂得欣賞，鼓勵他人，正面的人際關係更容易培養。

　　S說：在家教期間，曾接了一對姊妹的課，她倆的主要聯繫人是阿嬤，兩姊妹的學習意願並不高，常常臨上課前才放我鴿子，阿嬤一通電話也不解釋，只說今天不上。幾次以後，S回到家也會跟家人抱怨：「我為什麼要一直被放鴿子，我很不想教她們。」

　　有一次，警覺到這樣不行，錢沒賺到還給家人負面的情緒，怎麼可以把負面的東西帶給家人，要面對這個問題。同時，堅持在家裡實行「不抱怨、不批評、不責備」的三不原則，後來，想到課程中學到解決問題的方法：「收集事實、分析事實、採取行動」；S就跟幾位會放鴿子的家長說：「公司規定，如果沒有事先跟老師請假，費用是要照算的，還是不要隨便取消上

課比較好。」這種「傷錢包」的說法，讓這些家長在意了，才讓放鴿子的情況改善。

在學校，也盡量讓三不原則實行在跟同學的相處中，如在小組專案研究報告時，如果有同學沒有如期地完成他負責的部分或資料的整理，而延誤整體進度時，S會先問：「你發生了什麼事嗎？有什麼我可以協助的？」而不會像以前直接說，「你怎麼沒有完成你的部分，這會延誤進度了。」當沒有抱怨出現在小組中，在愉快合作的氛圍強化下，專案報告就更容易完成了。

生活中要讓別人更願意和自己合作，
就要創造正面的氛圍。

你跟S一樣會在咖啡館，點上一塊天使蛋糕配著咖啡喝嗎？我當初會被天使蛋糕吸引，是因為它的顏色跟旁邊的蛋糕不同，潔白的一塊。

又想為什麼會被稱作「**天使蛋糕**」？當咬下去時，發現還蠻有趣的，鬆軟氣孔多的口感，入口可以感到蛋糕體的彈性，後來才知道這種蛋糕主要是使用蛋白製作。潔白的蛋糕體，就如同跟人來往時，抱著沒有成見或特別的目的，這樣就顯得自然。

聽說天使蛋糕出現時，使用巧克力製作的惡魔蛋糕也同時出現流行，想想人際關係的互動，有時會體認到自己陷入困境，如果一直都採取消極的做法，會不會磨損自已的自信？還是你會採取跟 S 的做法一樣，運用各項資源找出突破點，讓自己的原力信心，帶回自己的笑容，讓自己成為自已的天使還是魔鬼，看自己的選擇。

熱誠的幫助自己脫離困境，就像天使蛋糕鬆軟的特性，必要的時刻不需要自已獨自承擔，讓自己柔軟的尋求周圍是否有天使，可以讓自己放鬆的依靠一下，或許是一位具有經驗的朋友，或是某一種學習，讓自己抓住如同天使的手，督促自己再次奮起不要讓自己暗沉。

我覺得真的好好玩！有魔鬼蛋糕（Devilcake）也有天使蛋糕（Angelcake），你是否會同時品嚐這兩種蛋糕？先品嚐那一種？

用自信迎向自己的天使蛋糕

第一部分

小結語

　　看著烘焙的甜點或麵包，你可以豪邁大口大口的吃，也可以優雅的切成一小口一小口的吃，無論那種吃法能讓人感到好好吃，就是一個好的吃法。

　　當然你會在某個時間點上，很想吃某一種麵包或甜點，這時候你會自己製作或是尋找夠吸引你的店家，愉快的買他一份，好好的享受？無論你準備採取什麼方式，先決定自己想吃那一類的烘焙品吧！

　　人際網絡開創時，不要忘了：

❶ 確立自己的方向，別人才知道如何靠過來。

❷ 保持自己的特色，才能吸引他人共同建立有效的人際來往。

❸ 尊重每個人的獨特性，不否定對方，即使某些觀點不同。

❹ 常存感激的心，人際網絡才能有機發展。

❺ 如果某人曾提供意見給你，別忘了回饋相關的進展。

84

小結語

PART 2

當有人際關係煩惱時，找個符合自己個性或
心情的甜點，用心咬下去再細細體會，你會
發現對自己人際關係有所幫助的養分。

10

懂得欣賞他人的
舊金山酸麵包

這天喝咖啡的店名，蠻有意思的——「小自由。」在平日的白天，可以跟上班族的朋友喝咖啡，真是確幸中的小自由。

在找店的路途中，不禁莞爾，這個店名，還真有 Clala 的行事風格，在規範中有自己的風格，不會守著規範不放，常常試著突破一些常規，看看能否更適應這個時代的變化，難怪她可以立足在科技公司多年。

進門後，立即看見 Clala 靠近門邊的座位上，她轉過頭來說：「老師，花了一些時間找吧？」「抱歉！慢了一點，錯過了巷口，到路口了才回頭。」我邊點頭邊致歉的說。

讓對方很容易地進店後看到你，不會有進門找人的尷尬或麻煩，保持著微笑迎接對方，一開始就創造愉快時光的氛圍，生活中注入一些體貼對方的小行動讓人更喜歡跟你來往。

Clala 分享著她這幾年進修學習的情況。她說：有些時候，其實在進教室時，並沒有特定的目標。只想著能分享學員的各項工作與生活經驗，就值得了。也坦白的說：「這也有缺點，自己的成長就很緩慢。可是在教室的 5、6 個小時總是很愉快。」就一而再，再而三地想去。

其間也領悟了在工作與組員相處的道理：欣賞別人成就的能力。Clala 說：開始擔任專案經理時，和同事的溝通常會發生一個現象，因為自己是學企管財務出身的，碰到產品技術的相關資訊常常弄不清楚，尤其技術名詞的了解與運用總不是很順手，導致專案進度難以掌握，搞得主管與組員都有微詞。

懂得欣賞他人的舊金山酸麵包

我問她：「那現在呢？」

她回應，因為懂得欣賞他人的成就與能力，在工作完成後，都會把成員的功勞掛在嘴上，尤其有上司在的時候，漸漸有些成員會主動在專案進行中表示，如果碰到有關技術上的問題，他們都很願意支援出力，現在工作越來越順手了。

擔任主管者不要認為自己在每個項目都要比別人懂，其實懂得部門同仁的能力與長處，加以運用肯定，同時記得將事情的成功要歸功於同事，如此，部門合作與團隊績效可以更好。

工作中團隊的建立，領導者要發揮人際領導力，就需要懂得欣賞他人的能力與建立好讓同事發揮能力的環境，並且不要忘了榮耀共享。

Clala 問我：「老師最近在忙什麼？」

我分享了一些我參與研究所校友會成立過程的一些經驗，不讓校友會只是吃喝聯誼，在每一次的聚會中都有學習的主題，同時我如何在聚會中學習建立自己品牌的做法。

Clala 好奇的追問我：「是如何觀察到同學們各自獨特的地方？」

我回應：「就如同你一樣，保持著對人的好奇，然後自己連結熟悉的事務，就容易發現了。」

在談話的尾聲，她說：「老師，謝謝你，在談話前，傳了一份清單內容，這個幫助很大，讓我可以好好思考，也整理一下經驗與思緒，原來想法是可以協助老師的探討，最後收穫多的卻是我。」她真的懂得讚美激勵。

> 激勵是認同的起點，
> 是建立與維護人脈網絡中重要的一部分。

走了出來，想起 Clala 曾在國外學習，完成人生中很重要的學業拼圖。我曾經到舊金山旅行過，在碼頭邊，尋找過知名度很高的舊金山酸麵包濃湯，可能是跟家人一起尋找的關係，麵包濃湯的味道，一直留在腦海中，在與 Clala 聊天的當中，想如果有**舊金山酸麵包（Sourdough Bread）**就太好了。

人際關係的培養，有時需要如同酸麵包的發酵一樣，需要付出時間與耐心，讓麵包的麥香在等待的發酵過程，顯得更醇厚，如同 Clala 為了喝這杯咖啡，特別安排休假，特別尋找一個符合當日名稱的店家。重視著每次跟他人相處的時間與空間，自己也會散發出人際往來的香氣。

當你喝著酸麵包中的牡蠣海鮮濃湯或者墨西哥燉肉，你都會覺得好搭，這就是**領導人為使團隊融合，需要能包容各種不同食材，路上的、海裡的、都讓它們在碗裡展現出它的才能。而藉著耐心呵護，讓自然發酵的關係產生獨特的味道。整體就**

顯得緊密。放置時間可以較長，不易變質。人際關係的養成，因為個人獨特自然地醞釀，能長久且香氣十足。這時就容易邂逅你人生中的海鮮湯或燉肉了。別忘了，肯定對方的能力與成就，並不會折損自己的人際領導力。

　　在碼頭邊，在陽光下，喝舊金山酸麵包濃湯，感覺真的不一樣。

93

懂得欣賞他人的舊金山酸麵包

會串聯的
日式糰子

跟 NC 聊天，你永遠不愁沒有話題，她是一位很願意分享也懂得創造話題的人。

NC 說：國中的時候，因為擔任班上風紀股長的關係，總感到在維持班上紀律與同學間的人際關係要取得平衡很難，漸漸覺得有被同學排擠的味道，她不願意身處這種氛圍下，尋求父母的協助，父母回應不能轉學，也不協助處理 NC 的抱怨，要自己嘗試面對與解決，爸媽會聽會給意見但方法要自己提出，於是，NC 決定自行採取行動，希望改變情況。

第一個行動，是請父母同意她參加卡內基溝通與人際關係的課程，從課程中學習相關的技能。先自己調整看看是否能改變情況，獲得爸媽的支持，也交了費用。

另一方面主動出擊，當時看到一些選舉人在街上發傳單、做市調，觸動了她，決定仿效，對同學做市調。於是自己做了問卷，主題是：「為何不喜歡我」，然後親手面對面地交給班上的每一個同學，誠懇地請同學填寫，因為是一個個的請託，一位一位的面對面說明，這個調查行動獲得了大多數同學的回應，同學感到 NC 真的想改變這個情況，真誠的填寫。

同學反應最主要的原因：不是不喜歡 NC，是不知道跟 NC 要談什麼？ NC 回憶，當時真的是如此，一個不知道周杰倫是誰的人，同學實在也不知道跟你聊什麼。也不知道如何接近自己。

於是在知道癥結點，同時在溝通課程中接觸了來自各方的

同學，分享中增加了不少的見聞，開啟了能跟他人互動的話題與傾聽長見識的能力。

當人際來往難成形時，不要退縮，面對困境，
認真傾聽，了解後才有機會擴大交流。

　　進入職場後，因為一些事情的發生，NC 說：「陷入全面的負面思考與氣場，每天都覺得自己很慘，生活不順遂，工作沒進展，滿滿的負面情緒。」促使 NC 決定再次踏入卡內基訓練的教室，聽著同學的分享，NC 發現每個人都有困難，自己沒有想像中悲慘。開始知道要懂得用多角度看事情。

　　例如，有一次主管口氣不好的在念她的工作，NC 聽完後很有禮貌的說：「我會加油改善。」之後旁邊的同事說：「這也不是妳的錯，她幹嘛那麼生氣，還要罵妳。」NC 笑笑的回應：「沒關係，主管也是人，也有情緒，她有小孩要照顧，家裡最近又忙，業績壓力也大。有情緒是正常的。況且，她會生氣應該是對我的期望很高，而我還沒有達成。才會生氣。」這樣思考後，負面的氣場開始減弱了。

　　NC 見到一位同事 A 工作很認真，但辦公室其他人似乎跟她有些距離，NC 觀察這位同事一些時間，發現她在工作時幾乎沒有笑容，簡單說總是一張臭臉。有一次，這位 A 同事來問 NC 工作上的一個情況，同時也表示羨慕 NC 的好人緣，NC 藉

機跟 A 聊天，問到說：「很少看到你笑。」對方嘆了一口氣說：「我調到這個職位，沒有多久，相關的業務，完全不熟，各項事務處理起來需要比別人更多的時間，不想耽誤同事的工作，只好全神貫注的在工作上，而且同期的同事也沒人可以協助。就無法顧到要保持微笑了。」

NC 回應她「你是一個責任感很重的人，在工作壓力下，少了一點人際來往而已，沒關係，如果覺得那裡可以幫得上忙的就開口。」同時，也提議可以在別的同事面前展現工作以外的自己。自此以後，NC 不時的會創造機會，讓 A 可以跟同事有些互動。A 的笑容漸漸浮現，漸漸的，大家的距離感縮短了。

真誠的用他人的角度看事情，肯定對方，
同時替別人創造機會，自己的人際關係也會變得不一樣。

NC 說：「我很喜歡分享，對於好吃的東西，我的反應很大。所以，我習慣在外出拜訪客戶，回公司的時候，帶一些我認為很好吃的食物，回辦公室跟同事分享。」工作間，小小的吃食分享，會讓大家感覺工作之間的小小幸福愉快感。

在工作中也是如此，NC 說：有一次，她手上有十幾個有展望的客戶，當然她可以自己拜訪爭取業績，但想想，如果在團隊中，一個人的業績竄得太高，彼此間差異會顯得很大，團隊間的成員可能就會產生隔閡，對整體沒有好處。於是，就將

客戶平均分給團隊成員，同事問她，為什麼對大家那麼好。NC 說：「我們是一個團隊，大家一起來。」

部門間的合作，NC 認為彼此熟悉了，工作資訊的溝通與交流會更順暢。認為自己可以在這方面出點力，就主動出面連絡兩個部門的同事，舉辦聯誼會，因為平時的人緣不錯，響應的同事還不少，這個行動幫助大家在工作外的交流，促成了工作中的更好的協調，讓需要合作的時候更順暢。這點也讓兩個部門的主管讚賞不已。

說不定就是這些分享與關心，讓其中一位主管在某一個情人節的時候，跟她說：「今天，我不回家陪先生過情人節，我陪妳去看電影。」原以為會寂寞的情人節，在這位主管的陪同下，吃好吃的美食，看好看的電影，享受了一個溫暖的夜晚。

願意分享自己的資源，他人也願意分享時間與溫暖。

如果在看電影時，她們兩人分享的美食是：**日式串糰子**，會不會有不同的火花？

一根竹籤串起幾個糯米做的丸子，就像 NC 用關心他人與分享，串起自己跟周圍同事、上司、朋友的互動，看似有多個糰子，可是也藉著關心與分享的竹籤，形成一串串暖暖的人間來往。

懂得在每一串中創造不同的味道，讓生活的每一處都有不同的個性，如丸子串上，要塗上抹茶／紅豆／醬油／或維持光滑純糯米的味道，都可以創造在不同時間點食用的不同樂趣，人際往來多元化，人脈網絡的效能更能促成自己的成長。

在製作日式丸子的時候，除了糯米之外也可以加入一些米粉，這樣在烤熟，熱熱吃的時候會有不同的口感，如同 NC 一樣，在人生的每一個階段適時填入不同的新元素，漸漸就可以形成自己的丸子，要烤得熱熱的吃或裹上其他材料冷冷的吃，都會有不同的風味。

下次，可以泡杯台灣的烏龍茶，配上老鷹紅豆日式串糰子，不知道會是什麼風味？

會串聯的日式糰子

12

勇氣十足的
蘋果年輪蛋糕

如果你在一個公司任職 10 幾年，工作內容熟悉，職位提升到某個階層，薪水也不斷地調高，你會考慮轉換公司嗎？我想很多人都會很掙扎，甚至會回答說：瘋了嗎？

　　當 Llana 告知，她想這樣做的時候，我的好奇心立即提升好幾倍，沒有當面聽聽 Llana 的說法，怎麼可能遏止我，這不斷上升的好奇心。於是，「誰會約我喝咖啡」又行動了。

　　Llana 會來上課，是因為先生鼓勵。有一陣子 Llana 自己覺得人際關係不好，回家有時會跟先生分享，今天那裡卡卡的，那裡又不順。Llana 說，有一天先生跟我說：「我覺得妳可以去上卡內基。」她問他先生說：「卡內基？你從哪裡聽來的。」

　　她先生是電機系畢業的。有一個大學好朋友 B，在研究所畢業後，就進入某一家公司做工程研究，有宅男現象，B 覺得自己女兒的人際關係不是很好，就叫他女兒去上課，B 發現，女兒上課後成效顯著，自己忍不住也跑去受訓，有一次同學聚會，大家都覺得 B 簡直脫胎換骨，能跟人談產品代理，能創業，能跟大家聊天，大家都覺得很棒，所以，她先生鼓勵 Llana 不妨去試試。

　　於是，Llana 報名參加了。Llana 坦言，自己受過很多的管理領導課程學習，進入這個課程的教室，一開始覺得很平淡，直到快上完時，才領悟到，這個課程由個人出發進而導入團體合作，最後進入人際領導能力的養成，太有意思了。

　　就如同期一位學員的分享。他一開始認為自己的人際關係

勇氣十足的蘋果年輪蛋糕

不好，買一堆人際管理的書來看，其中有好幾本就是卡內基出的書，他覺得書寫得好棒，就報名上課，看到他在課程中的學習成長充滿了快樂，引起了自己堅持上完整個課程的信心。

其中，還有一位同期的同學是某大學的教授，他是一個很虔誠的教徒，整個人散發出正面的能量，口條又很好，他也很努力的學習，想知道如何跟現在的年輕學子溝通更順暢，他說：「人就跟信仰一樣，各有各的喜好，但還是可以找出共同點來交流。」

還有兩個人是在能源公司工作派訓的工程師，上課期間剛好是颱風季節，發生水濁度的問題，其中一位就分享要將水清潔後供應的困難與繁複的工作，讓同學立即可以體諒水公司的困難與辛苦。

另外一位同學分享說，他很感謝當初進這行的師傅，送給他的一些意見：「在專業上下功夫，做人要低調，再低調。」這些同期學員都給她很多的啟示。而我在 Llana 的身上，看到的是能敞開心胸，欣賞他人的優點，強化自己。

在他人身上發覺生活的經驗，
欣賞他，就能自然地與他人愉快相處。

Llana 說：「前陣子，我曾經想讓其中一位同事，在年度

報告中露臉，讓他有機會在上司面前表現」，但在要報告的前兩個小時，他臨場膽怯，緊張到不敢上台，她溝通鼓勵了好久，最終，對方還是放棄了這個機會，事後，又找了很多的藉口與理由，讓 Llana 覺得很沮喪，也了解到講師所說的：知道歸知道，要變成生活和工作中很自然的習慣，需要常常運用。

Llana 說：「這也發生在自己身上，我曾想對一位上司表達照顧與協助的謝意，這位上司在職涯上教會我很多事，我好幾次想當面感謝她，當走進她的辦公室，看到她嚴肅的樣子，一緊張又縮回來了。嘗試了好幾次，仍然無法當面跟上司說，最後，採用了送出一封感謝的 E-Mail。才算完成這個小小的感謝行動。」

Llana 現在都隨時會回想這位上司在工作上的優越表現。記得有一次在公司部門聚會的時候，吃到中途有幾個新人坐在 Llana 旁邊，聊著聊著，就告訴他們說，我們的主管很棒因為她的帶領，我們的業務才能擴張到海外，部門工作能開展更廣，真的要感謝老闆……等。

所以，雖然無法當面告訴主管感謝之意，Llana 還是想讓同事知道，她是一位很棒的主管。這兩個經驗讓 Llana 知道，當自己知道一件事，要讓它在生活中實現，需要智慧與勇氣，這兩件事雖然有些沮喪，但上課時，大家分享的每一句話都會出現在她腦海中，**盤算你得到的恩惠，而不要專注在你的煩惱。**

她知道不要讓自己陷入挫折中，人生在每個地方都有機會

勝出，趕快在其他方面努力建立成果。這樣可以移轉挫折，朝向自己的目標方向前進；人生有好幾面，不愉快的可能只占有5%，還有其他的 95% 值得我們關注。

要成為人脈網中有影響力的人，
真的需要這種失敗的復原力。

Llana 說：「我自我要求很高，無形中對其他人也會要求很多。對小孩、對同事都會如此。我要求團隊成員，有時會忘了團隊成員的願望，這樣同事之間有時就會出現不愉快的氛圍，現在，我會思考團隊成員中每個人的願景是什麼，如何結合工作的願景與個人的願望。」

Llana 說：「來到新公司，我知道每個公司都有自己的情況，決定呈現真誠的自己，同時，也要利用機會了解新的工作夥伴，包含上司。這期間，只要有同事來協助工作或說明工作情況，我也會用熱情回應。」

在有機會聊天時，就會一直問他們公司運作的情況，可能也是拜大家都穿同樣制服的關係，或許是好奇心的作祟，彼此能不斷地交流公司的作法與工作經驗等，Llana 也會分享自己所看到公司的優點，很快地就跟大家熟識，當然這前提是要用真誠的態度面對；這真誠很難說清楚，但相處的人一定可以感覺到。

考慮對方的角度，用真誠交流生活、工作上的經驗，才能進一步的創造新的人際往來。

事過一年，Llana 再發一個訊息說：「老師好，很久沒聯絡了，今天是我換工作滿一年，想起去年跟老師諮詢，請教換工作的事，謝謝老師給了很多建議。今日回頭再看，我自己覺得自己成為一個比較好的人，生活滿意度提升，對社會不知道有沒有貢獻，但對家裡肯定是有的；對生涯的發展我覺得是正面的，真的就是把它當創業，整個重新來過，中間也有過迷路調適的時刻，還好走過來了，雖說世事難料，不知最後會走到哪裡，但目前看來還是很開心給了自己一個機會。前一陣子又把金科玉律拿出來放在包包裡，感覺像個護身符，希望能做個更好的自己～祝老師身體健康，天天開心。很久沒見到老師了，如果老師方便的話，也很想跟老師聊聊，這一年的感想。」

收到這個訊息，很高興地訂下了會面的時間，想起去年到日本旅行時，看到的一家蛋糕店，透過透明的玻璃櫥窗，看著烘焙師傅在做**蘋果年輪蛋糕**，除了香味的吸引外，也好奇蘋果與年輪蛋糕兩者的結合會呈現什麼口感？這兩種食物如何彼此融合，值得一探。我進去買了一塊來吃。

一個人脈網的建立，札實的一次一次分享生活與工作的經驗與感想，就如同年輪蛋糕一層一層的塗抹烘烤，每隔一段時間再次分享，又讓蛋糕有了更多的層次，一層一層的融合，逐漸的，彼此的關係愈來愈豐富，也強化了彼此之間的連結。

勇氣十足的蘋果年輪蛋糕

而在添加蛋糕麵糊的時候，你會小心的注意時間控制與前一層的烘烤熟度，人際的來往不能讓自己停留在一個階段，必須讓自己有更多的能力去貢獻給他人，這時自己要懂得催促自己突破原來的舒適圈，塗抹更多的麵糊，讓自己更強大。

使用蘋果來搭配年輪蛋糕，我不知道這是那位烘焙人的創作，這點子好極了！在甜甜的蛋糕中配上帶點酸度的水果，除了增加豐富的口感，增加甜點中的纖維，也讓烘焙與農業兩行業有更多的直接接合，對兩種產業都好；「蘋果」這醫生眼中的健康水果，就如同 Llana 在人脈網中每隔一段時間就採取主動分享的積極行動，讓接收分享者，感受到自己的被重視，營養、好吃又好奢侈的人際甜點。

你想吃幾圈的蘋果年輪蛋糕呢？

勇氣十足的蘋果年輪蛋糕

13

行動力強的
沙巴雍

有時候，得向千禧世代學習，做他們世代會做的事，是維持心理年齡不老的訣竅之一。

　　那天，在苗栗縣大湖鄉由「返青富民」組織舉辦的展望活動中，獲邀演講，我用「在地深耕，時尚國際化」為題，跟與會人員分享想法，在演講結束前，主辦單位藉機宣告了及時行動的一項活動——從田野到餐桌；當我跟來賓彼此交流告一段落後，Pheobe 立即跟我說：「老師，我們已經預訂了 26 日的田野到餐桌活動，也預訂了你們的位置。」Pheobe&Lala 對田野到餐桌的活動很有興趣，也知道我想協助「返青富民」組織的這些年輕人，在自己的夢想路途上，更堅定更有勇氣，就毫不猶豫且體貼地替我報名參與活動。

找出共同點，體貼地替對方做些事，建立更多的共鳴區。

　　26 日當天，到達現場，最先吸引的是那輛咖啡專車前的咖啡香，靠近後，老闆用熱情的聲音介紹他的「麝香貓咖啡」，只是喝就不過癮了，我跟老闆建議：可以讓我們充當一個時段的臨時咖啡師嗎？ Pheobe 願意充當咖啡天使，當場協助沖泡更多的咖啡。老闆看看我們一口答應，Pheobe 高興地走上前去，用間斷法沖泡，立即將咖啡香氣帶到整個廣場上，老闆高興地說：「你們這幾位懂咖啡喔！」然後開心地招呼漸漸靠近的人潮，同時也跟我們分享他創業的經過。

霎時，咖啡車前創造了此次田野餐會的第一個亮點。當然，我們也獲得老闆珍藏的咖啡招待，不知不覺的胃口大開，開始期待著待會兒的餐會。

懂得創造自己的價值與才能的顯現，
才會有機會成為他人人脈的一環。

享受山野、涼風與音樂浸泡的美味後，也因為先前的演講分享，與咖啡車的影響力行動，當場獲得了名列台灣前 10 大最美的民宿「花自在」經營者的邀請，到他的民宿一遊聊聊。

我們進到花自在園區，慢慢地從園區的佈置與欣賞談起，讓主人頗為高興，當日訪客還有兩位對易經頗有研究者，這兩位跟花自在經營者知莫甚深，帶著好茶，邊喝邊聊，不免發表一些易經對生活影響的見解，Pheobe&Lala 席間始終抱著高度的興趣，不斷的提出問題，讓兩位越說越高興，最後還提出希望我們能撥時間造訪他們。

真的懂得欣賞他人的分享，抱著對人的好奇心，
也會引起對方對自己的好奇，成為人際來往的起點。

謝謝 Pheobe&Lala 田園餐會活動的邀約。以下為 Pheobe 的

Po 文，因為描述得精簡傳神，在此借用。

> 　　卓蘭壢西坪 10 分鐘咖啡大使，時尚客家菜草地田野餐，
> 香料蜂蜜番茄開胃，波士頓龍蝦結合烤牛肉的國際化，客家
> 小炒傳統菜餚的滿足感，陳年補氣老菜脯雞湯的懷舊氣味，
> 苦茶油麵包麥香現代化的撲鼻、番莊茶起士蛋糕茶香怡人，
> 起士濃郁收尾甜點，一場有青農夢想的田園饗宴。
>
> 　　花自在與林老闆午茶，花自在擁有台灣 10 大最美民宿
> 美稱，用唐式几坐筵席以古董宜興壺沖陳年普洱。最棒的是
> 老闆健談有想法，見聞廣博，視野高，透過高超執行力一步
> 步實行想法。泡茶閒聊之餘，讓我也開了眼界。

　　約三個月後，她們兩位約我在一間咖啡館碰面，分享彼此
面對新工作的一些想法，進入店內，吸引我的 Menu，單品咖
啡各自擁有「個性名稱」，薇諾妮卡／少爺／女人香／沛尼翁，
好奇心大起，請教店主：「為何有這名稱？」店主說：「我們
依照咖啡背後的故事，或是依照咖啡豆的烘焙程度與口感等，
分別給予名稱。」

　　如「女人香」，這咖啡豆的採收、生產，在當地基本上是
靠女性工作者。「少爺」是中度烘焙的豆子，口感讓你時而左，
時而右，會出現不是單一口感，就像一位頑皮的少爺。這些分
享，讓這裡的咖啡更有趣，也讓三小時的時光充滿樂趣。

> 隨時分享自己的夢想或在生活中的發現，
> 交流就顯得更有意思。

走出店，隨著返家的腳步，想起義大利之旅時，餐桌上的一道甜品 Zabaglione（Sabayon）。由義大利店裡服務生推薦，配著自己的好奇心，讓旅程多了個話題的甜品，是混合著雞蛋、糖與甜酒的義大利式甜品，覆蓋在當地的水果上，讓水果香味與 Zabaglione 互相提味，就如同 Pheobe&Lala 在向夢想前進的時候，彼此支持，有時一位扮演水果，另一位就扮演 Zabaglione 讓彼此的優點能烘托出來。看似兩個個體，覆蓋後確是如此的義大利，充滿熱情與趣味。

必要時，也可以經過一點烘烤，這時就像隨時邀約一些人生中的導師或朋友，參與分享，讓甜品層次更豐富，讓生活更有趣。水果的清爽，甜醬的濃郁，烘烤的焦香，甜酒的香味，交相在五感中，會產生什麼樣的口感？還是會隨著地方性的水果與季節有所不同？我還真不知道。

你如何讓別人對你有興趣？何妨讓自己像 Zabaglione 一樣，時尚又在地化。台灣那裡可以品嚐到 Zabaglione 甜點呢？

PS：「返青富民」是一群願意返回苗栗家鄉，想用自己的

力量，結合在地的資源，讓台灣的鄉下也能走上國際舞台的年青人組織。

行動力強的沙巴雍

14

願意分享資源的
珍珠糖泡芙

Ivylin 是個性開朗又有自己夢想目標的女孩，當初在課堂上的時候就覺得她能給人溫暖的鼓勵。

我問她：「在大學裡有些什麼回憶？」

她告訴我，在大學時有參與過社團，從進去成為社員，到當幹部，然後擔任社長，這段時間與社員的相處及社務活動的推廣，給了自己很多的回憶與成長。

尤其，有一段時間，發現社員彼此之間的互動，因為講話太直接，造成彼此心裡有些不高興，影響了社團活動的氣氛，也削弱了合作的力量。她想到在課程中學到的：**彼此的讚美有助於雙方關係的調整**；所以，她在社內活動當中，常常會安排發放讚美卡，讓彼此看到別人的優點並且寫下來，漸漸地，社團的氣氛就不一樣了，社團的活動也越來越有活力與歡樂。

經過了那麼多年，有一次，Ivylin 在整理東西的時候，看到了當時留下來的一些讚美卡，心中想大家畢業了那麼多年，在職場上或多或少會碰到一些挫折或者有一些沮喪的時候，這些讚美卡應該可以給大家正面的回憶與力量。

Ivylin 說：「我開始聯絡他們，問他們的地址，然後，將這些讚美卡，加上自己的一些加油打氣的言語寄給他們，他們在收到信的時候紛紛私訊她，告訴我，經過那麼多年，已經多多少少忘記了當年的衝勁，也受到職場上的壓力，這個時候可以收到寄來當年的彼此讚美，真的是一件太美好的事情，覺得有被激勵了。」

願意分享資源的珍珠糖泡芙

Inylin 在生活中常常很自然地想到可以替對方做些什麼事，這已經是她養成的習慣，就如同這次的咖啡之約，她也邀請了一位朋友參與，她說這位朋友也擔任過畢業學長，在課程體驗與執行上，有很棒的經驗可以分享。

> 大方地提供自己的資源，
> 讓周圍的人可以獲利，不時的鼓舞人脈網中的朋友，
> 不僅是對他人的一種肯定，也讓彼此間充滿友善氛圍。

Ivylin 說：她現在懂得適時地去表達自己的意見，也是在課程中訓練的成果之一。在課堂上，每次要上台分享，剛開始的時候會告訴自己：沒關係，後面一點再上去分享，經過幾位同學後，又會告訴自己再幾位後，再上台……。漸漸的，她學習到鼓勵自己：「這位同學分享後，我就上台，我可以。」如此，養成了設定時間主動表達意見與鼓勵自己的習慣。

在基金會工作時，Ivylin 是擔任校園影展的工作。她要帶著一部電影或一部記錄片跟校園裡的同學一起觀賞電影，然後告訴學生，基金會的目的，鼓勵學生除了功課以外，還要勇敢追夢。

期間，Ivylin 除了實際參與自己負責的區域外，也會看偏遠地區同伴或中南部同伴的活動記錄，再加上平常聚會相處時，很喜歡聽這些夥伴的分享。Ivylin 發現北中南各區的夥伴，

每個人都有自己主持的特質，心中出現了一個強烈的念頭：把每一個人的特徵集合起來去辦一個活動，這個活動是可以呈現6個人的優點，讓活動辦得更完美，更能傳達基金會的理念。

當這個念頭一起，就無法擋了，Ivylin 找了一個時間，跟主管提出這個想法：「有沒有可能有一場影展，是我們6個人一起辦成的。」主管說：「這是很好的想法，要不你們提出一個企劃案出來吧！你們幾個如何去搭配？準備如何呈現？」獲得主管的支持後，Ivylin 先徵求其中3個人的同意，另外3個人也覺得很棒，接下來6個人經過幾次的討論商議，由 Ivylin 全力規劃，大家再分頭進行。

最後，她們在彰化一間高中辦了一場6個人合作的影展。

Ivylin 說：「其中有一個橋段是在最後的時候，安排了一場大合唱，其實，提案時我還擔心這個安排會不會讓夥伴們覺得很尷尬，於是跟夥伴們說：『我覺得不要讓我們的活動都是同一個模式，要能給年輕人更多的力量。』想不到獲得大家熱烈支持，而且當主持人開始引領我們一起唱『風箏』這一首歌的時候，不僅我們6個人唱，全場的青年人也大聲跟著我們一起唱，當時真的是非常熱血非常沸騰。」

這就是 Ivylin 在上課中學到的，**當我有意見的時候，要勇敢的說出來，在爭取團隊夥伴的合作時，提出的合作目標要跟大家的目標方向是一致的。**

積極的人脈關係，閉嘴是不行的，需要說出自己的意見，認真聆聽外，也要真誠的分享，才能壯大彼此。

Ivylin 說：「在家庭生活中也需要人際來往力。我常常跟媽媽分享事情，有時候我分享得很起勁，這時會希望媽媽要注意我。」可是媽媽有時候會突然間說：「妳的眉毛該修了，那個眼線畫得太粗了」，或者走到廚房去拿個東西再出來，Ivylin 就會跟媽媽說：「我希望在跟妳分享事情的時候，妳要專心聽我說啊！」可是媽媽有時候就會說：「那妳沒有看到我在忙？妳要不要快點把話講完。」

這種情況有時候會覺得還蠻受傷的，就會跟媽媽說：「卡內基教我們要傾聽別人說話，聽的時候也包含眼神的交流啊！」媽媽就會開玩笑的說：「我花錢給妳去上課，不是叫妳拿來訓練我。」但這時，她就會停下其他事務，專心的撥一些時間聽 Ivylin 分享。

Ivylin 的媽媽很肯定她在卡內基的成長，認為她現在會用客觀的角度去看一件事情，不會一味的去抱怨，什麼老闆不好，上司不好或誰不好，以前當一件事情發生的時候都會用自己的角度，將事情定調，現在會想對方是不是還有其他考慮的立場和因素存在。

現在春節家庭聚會時，她們都會舉行感恩感謝的活動。第一次做的時候，Ivylin 提議同輩們大家一起來用幫長輩洗腳的

方式表達對長輩的感恩與感謝，Ivylin 沒把握大家會如何想，所以，在聚會時，跟表哥表姊妹們說：「我覺得我們應該要感謝我們的爸爸媽媽及長輩們，表示這一年來對我們的照顧跟協助我們的成長，我們來做一個『感恩洗腳』活動」。妹妹首先響應支持並示範，端了熱水幫媽媽洗腳，然後就請年輕人一起來參與，Ivylin 說：「我很高興大家都熱烈的參與，說不定是妹妹的率先行動，說不定是大家就有心，但這個行動讓家族的春節聚會更溫暖。」

用更多的角度去看事情，
人際關係就不會將僵化，彼此來往更有溫度。

　　聽著聽著，我想起初訪巴黎時，在街頭某個麵包店發現了「**珍珠糖泡芙**」，我隔著櫥窗看著擺放的珍珠糖泡芙時，只有一個念頭：有必要撒上這奇怪的糖嗎？就如同人際關係中，有必要在「親友」間，加入更多的讚美與肯定嗎？

　　基於好奇，我買了小小的一個品嚐看看。入口時，可以感到糖粒的存在，卻不會奪走泡芙的脆感，美妙極了！就像人與人的互動，肯定讚美對方，並且告訴他，就如同在人際網絡中添加適當的糖粒，但不會讓你覺得「甜膩」。

　　而珍珠糖撒在外表，毫不掩飾地告訴甜食者：「我在這兒」，如果你都沒有勇氣表達意見，怎麼會讓他人知道你的存

在，對方喜歡你的意見與否，是第二階段要考慮的，但適當的提出想法意見，可以讓人際泡芙更突顯。

珍珠糖泡芙的製作材料一般都不複雜，奶油＋牛奶＋鹽＋糖＋低筋麵粉＋珍珠糖，準備起來輕鬆，製作程序也不麻煩，但吃起來別有一番滋味，建立人脈網絡不複雜，只要如 Ivylin 一樣，隨時都可以想到對方，有什麼事情是可以協助對方的，就毫不猶豫地撒下去，人脈網絡就自然形成。

有沒有想過，珍珠糖泡芙配台灣茶好呢？還是配非洲咖啡好呢？

願意分享資源的珍珠糖泡芙

15

站在他人立場的
西西里島
手工冰淇淋麵包

不知道各位會不會碰到相同英文名的人，你是如何彼此區分的？或你如何區分她們？

第一次接到上課 GA 名單時，不禁前後對照了幾次，因為 VH 的英文名字跟去年同一時期班的一位 GA 名字是一樣的，而中文名的發音相似度也達 90%，一度懷疑是同一個人，隔一年後再來協助，如果是也太巧了。

VH 在趕來餐廳的途中，聯絡的訊息隔幾分鐘，就會發一個過來，告訴我：她已經到那裡了，還需要多久時間才能到達。甚至，要我先行用餐。不要等她。

原來在下班的前一刻，上司才找她討論工作的進展。在發現這項討論可以在明天上午完成時，VH 客氣的向主管報告，因為還有一個約會，必須先行下班，有關要討論的內容，明早會整理好，再找主管商議。

VH 說：她心裡很急，眼看約定的時間就快趕不上了。只好一路發訊息，還讓老師等真的很抱歉。

在職場中「禮貌力」是不可或缺的，為了信守承諾，禮貌地告知上司，因有一個約會，必須先行離開，應該會獲得上司的支持，同時也清楚地向上司承諾，有關任務的內容與進展，會在之後那個時間點前讓上司了解相關事務。

遵守承諾，禮貌地告知對方：自己的進度，對約定的人而言有受尊重的感覺，讓上司知道自己會在某個時間點上，完成

站在他人立場的西西里島手工冰淇淋麵包

任務也是對上司的一項尊重。

　　日本上班族在進入職場時，第一件事就是要學會「報告、聯絡、商議」的工作準則，VH 在進入職場多年後，仍維持著這樣的做法，我相信她的上司跟我，在同一時間中都有相同的感覺，VH 是一位人際關係不錯的人。

　　「報告、聯絡、商議」在職場人際關係的建立中很重要。

　　VH 說：喜歡工作場合有和諧的氛圍。辦公室有一位不是同部門的同仁，因工作性質的關係，外顯出來的是沉默型的人，長期下來總覺有距離感，一直在思考如何可以跟對方打開話題，希望藉著聊天建立工作上較緊密的夥伴關係。漸漸她發現對方是位很注重穿著的人，有一個月幾乎每天都穿著不同的衣服；有一天，在茶水間正好碰到，VH 立即跟對方說「我還滿喜歡妳某一天穿的衣服，妳當天的鞋子跟衣服搭配的好好看。」還舉了幾次，對方衣服的樣式與顏色。對方一反沉默，開始分享是在那一間店買的，也分享對穿搭的想法，兩個人的茶水間聯誼就這樣展開。

　　從那時候開始，她們兩人在走廊上碰面，都會微笑點頭或小聊一下，偶爾會收到對方 Mail 過來的相關資訊。漸漸的在某些專案，彼此工作需要聯繫時，陌生感不再出現，彼此也會

有些對事情看法的交流，讓工作的距離感逐漸消除。

當 VH 在述說著這個工作人際小故事時，我腦海中浮現出，曾經在一本書中看到的說法：**如果彼此沒有經過聊天，多年的朋友也很陌生，如果經過聊天的過程，只共事幾天的同事也可以變成如多年好友一樣的相處**。有心建立彼此的人際連結，需要如 VH 一樣想想該如何打開跟對方的話題，關心對方生活或工作的特色是一個很好的話題。

我問 VH：「在外商台灣公司工作與在台灣本土公司工作，兩者工作人際處理上會有所不同嗎？」

VH 說：「會有一點不同。」就是當國外總公司的督導或主管，來台灣視察時，相關訊息一發佈，就可以感到大家心情都不是很好，整個工作氣氛呈現就不一樣，大部分的同事都跟這位 A 督導相處或討論過事務，大部份都認為這是一位「很難搞的人」。

VH 接著說：最近的一次這位督導要來視察一個重點專案，她被指定負責報告與陪同視察，接到這個任務時，在忐忑不安的心情下，開始想如何扭轉這個氣氛不佳的態勢，想到決定從兩個方向下手：

1. 我有什麼能力讓對方喜歡這次到台灣的視察行程。

2. 台灣公司有自己的環境與情況，在彼此有意見不同時，我如何勇於表達出來。

VH 發揮了她的聊天敏感力，在第二天進會議室時，就問了 A 督導：「長官，你『可以』喝咖啡嗎？」A 督導立即神奇地回應說：「你問了一個其他人不會問的問題，有意思！」因為這句話的起頭，讓整個會議的溝通順暢了許多。

　　在陪同訪問協力廠商與客戶時，為了讓 A 督導不會像之前來台灣視察訪問時，面對協力廠家或客戶，常會產生很多意見上的爭論，VH 決定在出發前安排一次台灣情況重點的簡報。

　　VH 回想起參加課程時的練習——專業技術短講的方式，讓專業人士聽懂自己的說明，於是假設 A 督導第一次到台灣，在這樣的設定，完成了一次簡短的情況報告，經過這樣的程序，雖然沒有能完全說服 A 督導，但因為勇於表達出台灣專案負責人的意見，有很大的部分獲得 A 的認同了。A 督導離台前，告訴了台灣公司的同事說：「這是一次很棒的工作視察。」

> 要建立堅固的工作人際關係，
> 可以在「我做什麼事可以讓對方開心」中，
> 也要「適時地用自己的方式，表達意見」，
> 這樣才是工作人際的互動。

　　我去過義大利，卻沒有踏上西西里島，除了電影裡描述這是黑手黨教父的出身地，跟黑手黨的獨特個性外。還看過一個很深刻的電視報導，在西西里島的各項料理都講究吃出原味與

個性，例如蔬菜沙拉最喜歡的就是只撒些鹽巴，讓你吃到蔬菜的新鮮與原味，不會加入太多的醬料，這獨特的個性也展現在享用麵包上。

西西里島上有一種麵包，稱為**手工冰淇淋麵包（Brigela）**，基本上它是法式奶油麵包（Brioche）配上義大利手工冰淇淋（Gelato）形成的個性吃法，當看到這樣的報導時，腦中呈現：「真的太有個性了」，是否因為西西里島的人一直生活得很自然？是否這樣的吃食文化醞釀了義大利人「家族第一」的生活文化？

要有一個堅強的職場人脈關係，需要如 Brigela 一樣呈現自己的個性與用自己的方式表達意見，濃烈的兩種食物相互結合，激發出鮮明的特色味，如果沒有試過，真的不會了解，麵包使用冰淇淋或剉冰為內餡時，會讓西西里島的居民視為當然美食。在人際關係的來往中，沒有個性或意見的人，是不容易跟他人找出共鳴區，進而建立互動人際。

在米蘭時，我跟一位義大利冰淇淋攤子的老闆聊過，他說，你沒嚐過我的義大利水果冰淇淋，一定會後悔。我說，如果你可以介紹出吸引我的地方，我就嘗試！攤主熱情的介紹了他的 6 種口味的個別特色，不管好不好吃，他的自信讓我在剛剛飽食義大利午餐後，立即再來一客冰淇淋。

人際關係的維護與建立是可以從對方有興趣的地方開始聊起，就像在麵包中放入冰淇淋或剉冰，也會引起你的好奇，當

然你要知道對方的品味，需要先讓自己能跟對方聊起來。

　　至於你會如何讓麵包夾入冰淇淋（剉冰）後，維持著麵包的香味與柔軟，不會被冰品的溶化變成黏糊糊的，可能需要花一些心思去了解，所以不要忘了人際關係也需要「報告、聯絡、商議」的維護。

　　去找找吧！西西里島的 Brigela ！

16

頂住壓力的
奶油檸檬酥

Sharon 跟我說她未來的職涯，希望能進入國際貿易業務的領域與當婚禮主持人，我有點驚訝！小小的身軀對未來有著明確的方向，更顯得閃閃發亮。

認識她的時候，她還在一家代書事務所工作，為了調整自己跟老闆的相處情況，也為了強化自己站在婚禮主持位置上的實力，她踏進了教室，有著目標的學習，讓她集中注意力參與，也讓很多同期學員有著深刻的印象。

她說：在課程中與課程後，努力的實踐在課堂中所學，調整跟老闆的相處，努力到老闆的女兒都感受到，對 Sharon 說：「如果有一天，我開公司，我一定會請妳或找像妳一樣的員工，作為工作夥伴。」

Sharon 分享說：為了改善跟老闆的相處，她很用心的完成老闆交代的每一件事，也讓老闆覺得她在自己心中很重要，但卻感受到一件事，「當我覺得老闆很重要的時候，老闆反而不在乎我了。」

我問她：「有沒有覺得失望後悔？」

Sharon 說：「沒有。雖然我的努力沒有改善跟老闆的相處，但我養成了三不的習慣：不批評、不責備、不抱怨。」，每天老闆責備的事項，她都認為這是在補強工作實力的機會，回家後會再次回想老闆的話，當成這是老闆教她的事。

每天都在想如何將工作做得更完美，要用什麼方式才能獲

得老闆的肯定。這個挫折變成了她現在跟同事融洽相處的本事。也讓她知道身為主管，總會有不同的角度看工作內容，挫折成了自己的成長養分。

頂得住壓力，懂得跟煩惱共處，
正面看待主管的角度，就有機會建立友善的人脈圈。

Sharon 現在的工作是每天都要開發新客戶，她說：「我會在前一天把要開發的客戶資料準備好，不會在當天才開始準備資料。所以每天一開始工作，我就可以打電話，算下來我每天可以比別人多撥 20 至 30 通的電話，機會就多一些。」

記得當要撥打第一通電話時，很緊張。組長說：「不要緊張，你要讓客戶覺得你很開心。因為你的開心，相對的帶給對方一天有個愉悅的開始，說不定也改變了她的心情。如果你在電話中能讓對方感受到你的開心，對方就會想跟你接觸來往。」這讓她想到講師所教的：**保持微笑與愉悅的音調，可以創造友善的環境**，所以，每天一早就很開心的 Callout。

我問她：「人總有心情不好的時候，你如何維持每天好心情？」

Sharon 說：「心情如果有些低落時，我會先打給舊客戶，熟悉的客戶都會聊一聊彼此熟悉的話題與彼此關心一下，在維

持雙方的聯繫中也會創造靈感，這時我就撥打陌生開發的電話，尋求新的機會。

Sharon 繼續說：除了那位很棒的組長外，辦公室中有一位很開朗的同事，她一進辦公室，總是用高興而有元氣的聲音跟大家說聲：「大家早」，一聽到她的招呼聲，就會覺得她會帶來好運。所以給客戶打電話的時候，就會想著我的聲音要給客戶有這樣的感覺——帶給別人好運的聲音。

客戶開發常會被拒絕的，甚至會挨陌生客戶的責罵。遇到這種情形時，Sharon 就會再給原有客戶撥個電話，這些客戶都很好，知道她碰到牆壁，常反過來陪她「練肖話」，真的很不開心時，會去找組長，組長總是陪著她，聽她說，等她心情調整，又繼續開發客戶。

懂得信任上司，關心客戶，欣賞同事的優點，
自然就可以創造工作的樂趣與人脈的建立，
也能獲得別人的支持。

Sharon 說：她現在常常提醒自己要做到三不：「不批評、不責備、不抱怨」與微笑、真誠的關心，尤其是真誠的關心，不要帶著目地去關心，單純的關心就好。

她現在當志工，陪伴身心障礙的小朋友，不會想從他們的

身上獲得那些利益，或期待他們有什麼回饋，只要她們在過程中露出一絲笑容，就可以讓自己高興很久，常常覺得陪伴這些小朋友，反而是她受到很大的鼓勵。

以前在路上看到乞丐，都會投一些錢給他，偶爾心裡會想他到底會不會是假的乞丐？但現在不會去想，會認為這就是她今天自己想要做的，不管是真是假。

又有一次跟同事一起去拜訪同事的客戶，事後同事問她：「Sharon，一件事很奇怪，你跟我去拜訪我的客戶時，妳一點都不緊張而且說明都很清楚，為什麼拜訪自己的客戶卻那麼緊張？」Sharon 說：「我也不知道耶！我只知道拜訪你的客戶時，我滿腦子都是如何幫你拿下這個訂單，所以就沒有緊張感。」

後來，組長跟同事也都很願意協助她。有一次三人一同去拜訪她預定開發的大客戶，下車時，Sharon 一緊張先下車去辦理訪客登記時，將裝有名片的外套與禮物遺忘在車上，心裡正想：「慘了」，只見到組長跟同事將她的外套與禮物拿了進來，同時還多帶了兩本筆記本，組長說：「這個客戶對你應該很重要，所以，多帶兩本筆記本，讓你在必要時可以應用。」她們都認為，Sharon 是真心關心同事，所以，她們也應該照顧著她。

最近看到 Sharon 在 FB 上 Po 出幾場擔任婚禮主持人的照片，替她高興，正朝著自己預設的雙職生涯方向前進。

真誠關心可以讓人感受到，並且願意成為你的支持人脈。

曾經在某本法式甜點創作書中，看到作者所提到：**奶油檸**
檬酥。酥皮的製作環境都需要控制在某個溫度中，經過多次的
折疊壓製，讓每一層都跟前一層藉著油脂連結，低溫的製作過
程每一層都需要耐心，避免受高熱的影響，直到最後的階段；
正如同 Sharon 說的：不是美女（？）的婚禮主持人，要獲得
肯定，需要不斷的訓練。就像在經過低溫過程才能有層次與香
味，所以，**Sharon 在每一次的人際關係來往中，都用開心的**
心情，真誠的情懷關心著對方，彼此維持著某種溫度空間，細
心的維護著，同時抓住機會培養自己的實力，讓人脈網絡的共
鳴擴大，當自己的人脈如同酥皮越壓越有層次，將淡淡單純的
檸檬奶油餡填充進去時，會發現內餡跟酥皮的搭配是無此的奇
妙，低調卻讓你回味。

有一天，如果你看到有人在烘烤著這類的檸檬奶油酥，不
妨站在隔著玻璃的窗戶邊，看著他將成品一個一個的取出，然
後你會發現在品嚐時，腦海裡浮現了出爐時的畫面，這時享用
奶油檸檬酥就更有樂趣，而經過彼此真誠相待的人脈也會有單
純的樂趣。

台灣也有很多將奶油檸檬餡灌進各種傳統酥餅的嘗試，簡
單卻有不同的風味，不妨找個時間去嚐嚐！也順便了解一下跟
檸檬塔吃起來口感的差異。

頂住壓力的奶油檸檬酥

17

樂於改變的
刈包

Jer 說自己不是一個善於處裡人際關係或是能影響團隊的人。會察覺到這點，是因為在上一次要轉換公司時，檢視自己為何要離開公司，只是因為跟同事相處不好，幾次的爭吵，及跟上司談過後，決定離開工作多年的公司，後來有些後悔，離開的原因竟然是跟同事吵架，認為自己的情緒管控也未免太差了，至此決定要讓自己改變，學習鍛鍊人際關係的建立與維持的技能。

Jer 說要改變需要借助一些外力，所以決定投資自己，參加了卡內基的課程，在課程中不斷的鼓勵自己一定要有所突破。

有一天 Jer 要跟有距離感的父親，一起參加因故過世的表弟喪禮，出來後父子倆走了一段路，Jer 想：「我一定要消除這種無形的距離感」，於是轉頭對父親說：「爸爸，我好難過。」接著走向父親，去抱爸爸，爸爸有些尷尬，想要推開他，Jer 不讓他推開，同時告訴父親：「我愛你」。就這樣父子倆抱了一陣，經過這次的擁抱，很奇妙的父子間的距離感，漸漸的消失了。

Jer 說：「原來生活中的一些改變與表達，會消除人與人間的距離感，甚至是親人。」後來，爸爸搬到臺北跟他一起住，每天上班出門前，都會去抱他一下，這動作強化了他跟父親的親密感，而他的小孩看到他每天跟阿公親密地抱抱，也學了起來，在出門時，也會跟著做一個特別的動作與聲音，當成小孩與爸爸彼此間的親密連結。

親如家人也需要我們主動的表達，
建立共鳴區，強化連結。

現在，工作內容由後場服務轉到業務開發，Jer 說：「完全不同的職務內容，真是對自己很大的挑戰。」但在課程中仔細觀察講師，講師怎麼可以看起來如此的自然跟學員互動，永遠帶著微笑與投入，這樣讓人感到很親切，很想接近。「我也要學著經常將笑容掛在臉上。」

所以，在打電話給客戶或接電話時，Jer 會刻意先微笑，讓臉上有笑容。這時候自己都發現，聲音不一樣了，較具有熱誠，心想如果自己都會察覺，相信對方在另一頭也會感受到，尤其在陌生開發時，客戶往往會根據對方的態度而決定要不要繼續聽下去，Jer 察覺只要臉上帶著笑容跟對方通電話，被掛電話率是比同事低的，笑容會讓聲音具有感染力，雖然彼此看不到，但相信對方會感受到：「我是很友善的。」

有一個客戶，他一開始很冷的在聽 Jer 說，而他一直保持著笑容，跟對方說產品的特性跟相關訊息，對方只是很冷的回應：「嗯！嗯！還有呢？這樣啊！」他提醒自己不管對方如何反應，一定要記得微笑，保持著心情愉快，沒有受到對方的影響。

說著說著，對方突然說：「我有注意你們家的產品，說不定可以考慮。你寄更詳細的資料給我。」在一般過程中，大部

分客戶說，「你寄來好了」或「我們不需要」，而 Jer 帶著微笑撥打或接聽電話，產生互動的機會增加很多。

Jer 說：「之前，微笑對我是很不自在，很難的一件事！現在我會先鼓舞自己，展開笑容。受到拒絕時，就會想想講師的微笑，也給自己一個微笑，心情就會轉好，繼續工作。」

> 因為微笑，讓人跟人的僵局迅速降低，
> 也讓彼此更容易聽到彼此的心意，彼此接受，
> 進而擴大交流。不要忽視臉上微笑的力量。

Jer 為了持續的成長，參加了一個讀書會，在參與活動當中，因為已經習慣在卡內基課程中持續擔任學長，常需要上臺表達，領先報告與分享，所以很自然的會隨時站出來發表自己的意見跟看法，同時在會員發表的時候，也會跟發表者有自然的互動，漸漸的會員們越來越喜歡他的加入。

有一次 Jer 因為有其他事情請假沒有出席，其他會員都紛紛打電話詢問與關心，這時 Jer 才感到原來自己在讀書會中有一個位置了。這個情形跟以前不一樣，以前在很多的團體中，Jer 總扮演安靜沉默的人，毫無影響力，現在自信的表達與有條理地陳述，爭取到團隊的認同，Jer 笑著說：「**以前在團體中，自己總是後段生，現在有機會成為資優生。**」

在團隊中，除認真聽他人說話以外，
建立你跟團體連接的最好方法是有想法要說出來，
因為彼此分享，才能讓大家都能成長，彼此雙贏。

不知道有多少人偶爾會去找個台灣漢堡——**刈包**（Taiwan Hamburger），來解饞一下。喜歡傳統的五花肉夾酸菜再灑一些花生粉嗎？父執輩都會說這才道地，在台灣父執輩不習慣被晚輩擁抱，去擁抱他們時，總是很彆扭。Jer 的父親剛開始不習慣孩子送上愛的抱抱，可是因為 Jer 的堅持，在感受到孩子的心意後，也逐漸地去嘗試，千禧世代喜歡「卡拉雞刈包」，經過擁抱的過程，那一天這些長輩說不定會邀你一起來吃「照燒肉刈包」，如此兩代的隔閡將逐漸消除。

刈包有著民俗小吃的感情與傳統的氛圍，但如果永遠一個面貌，能夠傳承下去嗎？人際關係，如果一直用「我就是這樣一個人」的想法，其實很難擴大人脈網，必須讓自己不斷的進化，如參加讀書會，改變自己在團體中的行為，積極的表達想法，就會在原有的人際行為中展現不同的風格，成為團隊中的資優生。

正面看刈包似乎像人在開懷大笑，誰會討厭有笑容的人？注視著對方的臉，停留一兩秒鐘，露出你真誠的微笑，友善的來往將會開啟大門。

你吃過「泡菜刈包」嗎？嘗試用「泡菜刈包」或「西班牙火腿刈包」連結其他世代，共享美食會很有趣的！

18

替人著想的
紅絲絨蛋糕

VX 分享著，她最近工作中發生的經驗故事。有一天公司在中區舉辦消費者活動，她身為消費者活動專案負責人，當然要到場參與活動。不過跟前來協助的經銷商、區經理和業務們彼此不是很熟悉，所以一整晚下來，根本不知道要跟他們說什麼話，就是各司其職。

直到活動後半段，公司總經理突然現身會場，總經理一口氣買了不少產品以表支持，也獲得不少促銷用代幣（這可用來做為抽獎使用），總經理隨手就把這些代幣送給同仁去抽獎。區經理運氣超好，居然當場抽中本活動最大獎之一（價值四千元），區經理當場樂不可支，很高興自己抽中最大獎！

區經理很快地將這訊息分享給上司，想不到上司傳回來的訊息是：總經理希望她可以再把這獎項捐出來給其他同仁抽，這時候情況變得有些微妙，區經理以為自己抽中大獎，可以帶回家，但因為這個抽獎機會是總經理送給大家一堆代幣，她才能擁有代幣而抽中大獎，所以在總經理說要「捐出來」給其他同事再抽時，區經理陷入兩難的狀況，她很喜歡這個獎品，可是收到這個訊息，她勢必要執行。

VX 說：當時原本已經準備要去高鐵站，區經理面有難色把我攔下來說：「VX 你可能要再留到一些時候，因為總經理說這個大獎要給今天在場的同事抽獎……」。我看著這位區經理的神色，心中想：區經理一定很失落吧，所以我回她說：「我不用參加這個抽獎，獎本來就是你抽中的，我覺得你帶回去最適合，今天活動謝謝你幫忙，能圓滿成功都是你跟你的團隊的

替人著想的紅絲絨蛋糕

功勞，晚安！」

整晚只有簡單交談的彼此，區經理突然開始主動傳 Line 跟VX 分享一些對今天活動的感想與她離開後的進展，同時加上一些閒聊，關係好像瞬間由不熟的同事晉升成朋友，神奇吧！VX 想：還好自己沒參加抽獎，把機會還給對方，看似失去了一次抽獎的機會，反而得到一個很棒的職場關係，真的很值得！

回想當時還給對方機會的一霎那，VX 只想到對方的心情，絲毫沒有考慮到自己。也慶幸自己能先考慮對方。

別輕忽身邊的每一件小事，每一個人，
你永遠不知道一個自然的「如果我是他」的思維，
可能為你帶來莫大的人際效益。

VX 說：「我的直屬主管離職了，我跟同事心中都有數，主管先前在外商工作，是一位優秀的專案經理，轉換到他們這個框框很多的產業跟公司，要能施展需要費很大的力氣，加上他的上司 B 是一位說話常會帶有情緒性字眼的異性，但選擇在領取優厚年終獎金前一個月離開，仍然驚訝不已。」

我們目前是在沒有直屬主管的情況下，直接面對這位更高一級的 B 主管，同事們都哇哇叫，因為常常會聽到如：你怎麼那麼笨，或是這個細節你都沒注意，你這樣做太令人失望了等

言語，同事間的士氣有點消沉，一聽到開會或工作報告都愁雲慘霧，VX 也有點吃不消，在開會當中，可以看出大家都在逃避大主管的眼神，只希望會議可以快點結束。她一向希望工作的環境要快樂，否則就太痛苦了。

經過幾次的會議與互動中，她開始想：「如果換個方式思考與做法會有什麼變化？如果我是這位大主管，我希望開會與工作報告中同仁是如何反應的？」

於是在某一次的開會時，VX 決定在會議中做兩件事：

1. 注視這位大主管，眼神不逃避。

2. 聽懂或認可的時候，就做出點頭的反應，縱然她有點長篇大論。

這時，奇妙的情況發生了。經過兩次會議，透過眼神注視與點頭肯定式的反應，發現大主管的口氣雖然沒有完全調整，但情緒性的口吻沒有那麼多了。有時，她走過自己的座位旁時，偶爾還會主動用輕鬆的口吻跟她聊兩句。

上周五，還把 VX 叫到辦公桌前，拿著一份他呈上去的公文，緩緩的跟她說要如何修改，說完重點後，還說：「VX，我不是要挑你工作上的毛病，是因為這部分的作業你還不熟，我希望能盡快的讓你學會。」事後，同事都大感驚訝，大主管口氣的轉換，使整個部門的工作氛圍，似乎瞬間不一樣了。

在剛完成的年度行銷促銷專案，整個順利完成並達成預期目標，總經理大為讚賞，而這位大主管在總經理前很高興的

說：「這整個活動的成功，最大的功勞就是此項活動的經辦人VX，因為……。」這所有的轉變，應該是從她在會議中，開始注視與點頭後，開始發酵的。

肯定對方，用行動表示，
就算是點頭、注視這樣簡單的反應動作，
也可以引出對方的成就感，進而改善彼此的互動關係。

VX 的分享，讓我想起另外一位 Z。

Z 是一位部門主管，經常要對經營層做部門的工作簡報或對外說明公司的政策方向，同時還要支援其他部門做教育訓練，多年的工作經驗，這些對她都不是壓力，前一陣子，她決定要讓部門同仁有工作上的成就感，因此，在接到其他部門請求支援訓練工作時，她立即找了兩位年輕的同事，讓她們去擔任這次的講師，她說：兩位同仁剛聽到時，都很驚訝地問：「經理，妳認為我們行嗎？經理不怕我們砸了妳的招牌？」

Z 笑著說：「別忘了我們是一個團隊，我們團隊沒有弱者。」接著在準備訓練題材中，Z 盡量的讓這兩位同仁提出自己的看法，當有不清楚的時候，也只提供可能在那裡可以找到相關的資料與方向，整個訓練完成後，只看到兩位同仁興高采烈的回到辦公室，熱烈的分享上課情況，這個氛圍鼓舞了整個部門，部門同仁的互動似乎都在歡樂中進行，這兩位同仁也不斷地跟Z 謝謝說：「經理，謝謝妳給我們這樣一次的機會，讓我們成

長不少，視野也擴大了。」

找個舞台，讓對方發揮，人際網路就會自然擴大延伸，
團隊士氣也會隨著個人的成就感而提升。

　　你吃過**紅絲絨蛋糕**（Redvelvet Cake）嗎？在台灣與日本，
我很少看到，第一次見到是在馬來西亞，看著那紅色的部分，
猶豫了很久，最後仍好奇地買了一塊，配著南洋式的咖啡，說
不出的濃烈感但很柔順。**人際的建立與維護，其實適時的加入
一些額外的因子，就會如同紅絲絨蛋糕入口時的柔順，讓雙方
的交流會產生如紅絲絨蛋糕般的紅，使交流更有火花。**

　　有人會用甜菜根的材料去增加顏色的呈現，有人會用現代
的食用色素，或用一些我不知道的方法讓蛋糕呈現深淺不同的
色彩，人際關係的培養建立不也是如此嗎？每個人有著符合自
己個性的作法，**但目的都一樣，期待人際關係更柔順，你可以
用肯定的肢體或眼神表示尊重，可以用體貼的行動傳達溫暖，
可以給對方擁有成就感的機會，當對方體會到你傳達的肢體語
言與行動的善意，漸漸的人脈網的串聯就展開了。**

　　如果你找到好吃的紅絲絨蛋糕，請記得通知我。

第二部分
小結語

　　到世界各地去走走，你會發現每個國家都擁有自己特色的烘焙食物。無論需要多繁複的工藝程序，烘焙師充滿喜悅製作出來的產品，都是令人回味的。

　　製作出美味烘焙產品的用心，是世界各地烘焙師的共通語言，不斷地探訪彼此，不藏私地公布配方與製程，求的是讓人們可以吃到更有幸福感的產品，人際的來往，也需要跟著不同的階段，用不同的做法，讓人脈網絡逐漸形成而擴張。

　　人際來往後的人脈網絡建立之行動需要：

❶ 適時的展現「自信的我」，才會有正面人際來往的出現。

❷ 創造自己的價值，讓他人把你列入他的人脈網絡中。

❸ 欣賞肯定對方，同時告訴他，讓良善存在你我之間。

❹ 鼓勵對方是認同的起點，找出彼此共同點，創建共鳴區。

❺ 報告、聯絡、商議的職場行動，也是人際網絡建立的重要行動。

149

小
結
語

PART 3

餐後的甜點，總讓人期待與懷念，人際關係
開創後，能細緻的維護，也會帶來有趣的人
生，就讓人際甜點充滿各個連接點吧！

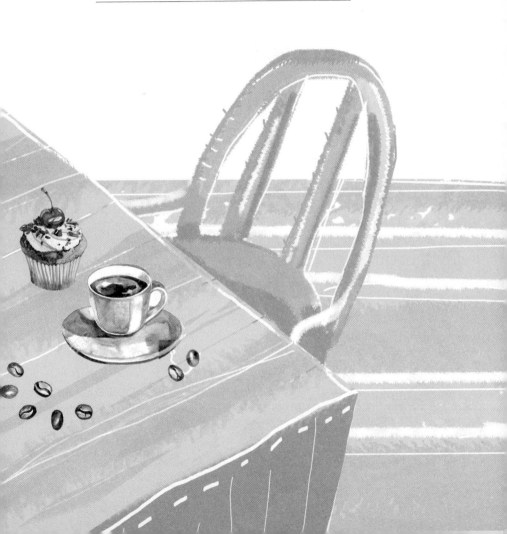

不藏私的
鄉村麵包

Messenger 傳來一個訊息，「老師，我 1 月 3 號在公司製作產品，你方便來我公司嗎？」我回應：「幾點？你方便。」LSD 回：「上午 11 點吧！聊完之後，順便吃個飯。」

LSD 客氣稱我「老師」，當年介紹我跟他認識的人，如今已經是烘焙名店的經營者，而稱我老師的人，本身已經是一位烘焙技術名師了，擁有多本有關烘焙產品的作者，課程已開到海外，但每隔一陣子，彼此都會找機會碰頭聊一聊。

平日，他人在南台灣，每趟到台北總會抓出空檔，約行業間的各方人士互相交流。就像這次 1 月 3 日的咖啡約會一樣，不想讓時間空白，不單獨吃午餐，多數職場成功的人士，都有這樣的習慣，碰面，聊近況，談未來。

> 人脈的維護，看自己願意付出多少的時間，
> 職場的連結不僅存在於虛擬空間上，
> 面對面的交流會更有份量。
> 你撥出了多少的時間給你的連結？讓連結有新意？

LSD 分享著這半年的不同，在覺得自己不要陷入除了技術專業外，其他相關知識技能太空白的想法上，報名參加某個大學的 EMBA 研究所班。

我問他：「念 EMBA 有何感覺？」

LSD 分享，他一直鼓勵自已每個階段的職業生涯都不要甘心於依照一般的軌道進行，當初離開飯店界，也是想就算擔任主廚，不就是如同前輩們的情形一樣，不是不好，只是自己覺得在幾年後可能會覺得無聊，而失去活力。

所以，想改變軌道，就投入開店，真正的接觸消費者，直接面對消費者，想了解消費者對自己親手製作的烘焙產品，有多濃厚的興趣，自己的產品被接受度到底有多高？那段接觸不同年齡，不同口味，各種要求的消費者，讓自己每天都有新的挑戰，產品要如何做才能讓消費者滿意？產品要如何賣得好？有壓力也有新的體驗。

之後，擔任行業內某些公司的技術顧問，做市場推廣，產品應用，或合作開班教學，都是希望自己能在各種領域中，做不同的嘗試。這兩年替自己立下一個目標，希望自己 10 年後，可以在書架上看到一系列自已的書，才開始努力寫書。

如果人保持一個樣子太久，人脈也會生鏽，
不斷地更新自己，不僅讓自己更壯更強，
也會給自己的人脈網絡注入養分，
變成更結實的人際網。

我問 LSD：「教學的市場如何？」

他說：「其實要看如何經營，我都掌握兩個原則：第一，如何讓參加學習的人聽懂？我把參加者當作業餘人士的基點來講解，用詞用字務必讓他們能聽懂，如何將專業的名詞用平實的語言來表達，漸漸的讓入門者進入自製烘焙專業，繼而喜歡自己製作的產品。

第二，我希望跟合作的廠家，有生意可以做，讓合作有實質的意義，在廠家、教室提供者、學習者三贏甚至加上自己四贏的目標下，目前課程的開成率還滿高的。」

LSD 在各地的實體教室教學外，也跟自己的兄弟合作，經營著線上的教學。他說：「這是在國外教學時，合作商帶給他的經驗。」

LSD 說：「我不可能在一個地方，駐紮很久，合作商就建議在線上教學，如此，時間與空間上就不容易受到限制，甚至提供機會讓我嘗試。」

LSD 的弟弟對線上生意比較清楚，後來他們兄弟就合作起來，而這個線上線下的商業模式想法，在研究所裡，也向同學詢問意見，受到大家的鼓勵，LSD 一直都喜歡跟人分享想法，覺得周圍都有高手可以幫自己；現在 LSD 已經有一個為數眾多的粉絲團，這應該是懂得替他人想，也願意跟他人分享想法後的成果。

出發點放在如何讓對方有所得，避免陷入只為彰顯自己專業的溝通，就會慎選語詞。考慮合作者的立場，就會了解自己的充實與進步，可以讓合作方更願意在自己的人際網絡中扮演一個角色。

看著 LSD 興奮的分享，不知不覺就想到，多年前一位美國技術大師（Hans）來台灣時，在餐桌上介紹我認識的——**鄉村麵包**。當時台灣很少商家製作這種樸實偏向傳統的歐式麵包，Hans 甚至第二天親手製作讓我們品嚐；當我第一次入口的時候，我就喜歡上這個麵包，不花俏，一般都做成圓形，簡單的形狀但擺在那裏，就是會吸引目光。

如同住在你我社區中的鄰居，親切沒有距離感，**人際建立時需要散發出「我是友善可接近的」才能有機會讓彼此接近。**Hans 邊做邊說，當年他們在做這種麵包的時候，可以走到自家的果園或菜園中，看到已經要成熟的根莖類食物、水果都可以，採集下來新鮮切碎加入，或家中有些堅果，可隨意添加，增加風味不要太拘束，所以才稱為「鄉村麵包」。

據說鄉村麵包在農家社區，製作時都會採合作的方式，每週開窯 1 到 2 次，專人負責烘焙，各家提供自家的麵糰，各自在表面上畫上代表自家的圖案，有時也會勾畫出代表春夏秋冬的季節圖形，出爐後，各家依照所畫上的圖形領回，一般有烤麵包的家庭，會取出一些給該次沒有製作麵包的鄰居，一起分

食，這時整個村莊都充滿著麵包的香味與人情濃郁的空氣。人與人的相互來往，因共同烘焙、分食顯得更珍貴。想擁有這樣的幸福感，需鼓勵自己隨時隨地的添加不同元素的學習，讓他人接近自己時，感受到季節式的變化和多樣的話題。

下次到烘焙店，不妨一探鄉村麵包，說不定吃著咬著，你會想起好久沒見的家人、朋友或鄰居，此時，不妨撥個電話給他，約他喝咖啡。

不藏私的鄉村麵包

20

樂於助人的
歌劇院蛋糕

跟 Julia 與 Mi 這對母女認識也有 3 年了吧！認識的緣分是因為 Mi 暑假返台，不願意白白浪費時間，想跟台灣同年齡層的學子有更多的互動與交流，於是，報名參加卡內基的青少年班，而我是該班的講師。

　　那一班有不少國外回來的學子，他們分享，在不同區域不同文化下的學習經驗和看法，產生了很多意想不到的交流與火花，在結業式中，Julia 與 Mi 的妹妹，一起出現在教室裡，表達恭賀與支持，就這樣認識了他們母女三人。

　　我問 Mi：「大學同學跟高中同學有沒有不一樣？」

　　Mi 說：「有，大學同學都來自不同地方，剛開始根本不知道她們在想什麼？而且每個人都有自己的想法，讓我吃驚的是有時候彼此的想法真的差異很大。」

　　班上都有演奏的組合，有一次，我們在練習的時候，有一位組員出差錯了，我很直接的就說：「你這裡錯了。」當下並沒有在意，只想繼續練習，那曉得同學間就傳出，「Mi 很自大、自以為很強」的種種說法。

　　Mi 跟其中一位同學說起這件事，同學提醒她，這些事不要自己說，學長或老師會講。Mi 說：「可是我要跟對方合奏或接在後面演奏，對方錯，我就無法繼續演奏。」為了改善這個情況，Mi 去跟那位同學面對面，說出自己的想法，同時告訴對方，請不要在意自己的口氣，也請對方可以指正自己的錯誤。對方說：「我不敢」，因為對方也擔心同學會說他自大之

類的話；經過溝通後，兩人的關係調整改善了。Mi 說：「我當初很單純的以為大家一起練習，有錯誤說出來可節省時間，並且一起進步，但這真的對人際關係不是很好。」

真誠地跟對方承認自己的錯誤，
有助於改善彼此之間的溝通與關係。

Mi 說：「我在班上有幾位走得比較近的朋友。其中一位同學，剛開學時，同學間其實並不是很喜歡她，因為她看起來有所謂的『土氣』，可是我覺得對方非常勤奮，每天總是搭第一班地鐵到學校練琴，上完課也總是繼續練習到最後一班地鐵才回宿舍，看到她如此的努力，認為自己也要勤奮些，就學她也是每天早出晚歸的練習，漸漸我們成為好朋友。」

還有一位同學，在入學考試時，同學提醒 Mi，不要在意對方的演出，否則自己會失常，因為對方還沒上大學時，就代表到很多國家去比賽，也得到很好的名次。聽過她的演奏，心中第一個念頭就是：真的好強，根本超越我們一大截。

更讓 Mi 佩服的是，對方十分專注並願意下工夫在基本練習上。她的練習常常是一半時間在練基本，一半時間在練要學的曲子，其實對方音樂素養與技術已經很高了，仍然花二分之一的時間練習基本曲與指法。在跟對方成為好朋友後，對方常常跟 Mi 分享國外的經驗，也會提醒那裡需要加強練習。

我問 Mi：「為何能交到這些朋友？」

Mi 說：「這些朋友都說我很真誠也很有禮貌。」

 能真誠地欣賞別人的強項與優點，告訴對方，
並找出自己可以學習之處，彼此間容易有正向的來往。

Mi 說：在音樂藝術上的發展，對目前的她來說，可能不是
最終的目標，如果有機會會到處走走看看，去尋找自己的最終
興趣，在還沒有找到前，仍會開心地繼續在這條音樂軌道上前
進，未來走向可能跟音樂完全無關。但現在的朋友圈都侷限在
跟音樂有關的朋友，其他方面的朋友很少也沒有什麼交流，想
嘗試接觸跟音樂無關的人與事，不要侷限在音樂圈裡。

Julia（Mi 的媽媽）鼓勵她，暑假去參加國際志工，可以接
觸不同的人與事，例如，到柬埔寨幫助當地的小孩。Julia 說：
有一個朋友的小孩，已經連續 2 年去了 6 次，每次五天四夜，
這小孩跟爸媽說，她畢業後準備去那裡教小朋友英文，以她目
前的存款可以待兩年。朋友建議小孩說，以一個小孩唸小學要
5 至 6 年，去兩年怎麼會夠，多存一點錢，目標是以 5 至 6 年
為期間。Julia 也鼓勵 Mi 踏出去，體驗看看不同的世界。

Mi 在訴說她同學的事情時，我發現 Julia 都能回應，「你
說的是王〇〇」或「你現在描述的是劉〇」、「妳是說 10 月

發生的事。」可見母女間平常應該常分享彼此的生活狀況。Julia 也希望 Mi 這段期間，多鼓勵陪伴要大考的妹妹，過了這段時間，姊妹倆就可以一起去探索魔都——上海。

> 人脈的形成，就從自己周遭的人做起，尤其是家人；
> 鼓勵與支持是家人間最好的互動。

看著她們兩人互親互愛的互動，讓我腦海中浮現了在巴黎吃到的**歌劇院蛋糕（Opera Cake）**。那是我特別跑到羅浮宮裡，喝咖啡搭配的蛋糕，在那環境中，喝的咖啡與吃的蛋糕，似乎特別香醇美味。

杏仁風味的海綿蛋糕配上咖啡餡、巧克力餡相互重疊而製成，如同母女倆的互動，彼此重疊交流，也互相的鼓舞，又如同 Mi 欣賞同學一樣，彼此學習欣賞，讓人際的建立有更多的樂趣，也疊出美味的人際組合。

當你一口咬下 Opera 蛋糕時，浸泡過咖啡糖漿的蛋糕，柔順的滋味在口中顯現，咖啡與巧克力兩種餡料各有自己強烈的風味，但分量調整得恰當時，可以同時在口中呈現但並不掩蓋對方，**在人脈的維護上也是如此，跟周遭的人各有特色，只要彼此輝映，形成一股人間香氣，就可以變成有效的人脈網。**

Opera 蛋糕的起源說法之一，是帶有杏仁風味的蛋糕體與

浸泡糖漿的手法源自於中東，而後由羅馬人傳至歐洲，在攪拌蛋糕體時，刻意攪拌將孔洞縮小，19 世紀咖啡與巧克力廣泛的運用在甜點中，才相互結合成 Opera 蛋糕。**在人際來往時有時需要一些刻意的行動，這可以潤滑彼此的差異，同時接受各方不同背景的人，讓它們在人脈圈中發光，一個擁有各種人際關係的人脈網，經過時間的淬鍊才會如歌劇般的和諧，令人回味。**

啊！好想念巴黎羅浮宮的 Opera 蛋糕。

處處用心的
比利時鬆餅

Sam 的經歷養分跟我有些類似，算是一個雙職人，一種身份是空間設計師，一種身份是訓練機構的兼職講師。這其實是滿好的職涯，在主業中有著自己的興趣與累積必需的財富（現實生活考量）與待人接物的經驗，在第二職業中有機會跟不同行業不同年齡層的人接觸交流，有著自己的興趣，也帶來不同的視野，這樣的職涯在兩邊相互呼應串連中，更豐富了兩種職業的內容。

想更了解他，是因為一位曾在我班上的學員 Z，跟我分享他會來上課是 Sam 推薦，Sam 告訴他，在設計行業中跟人溝通是很重要的，尤其在跟業主溝通時，卡內基的課程提供很多幫助，建議 Z 也可以來上課。這引起了我的好奇，會推薦合作夥伴來上課的人究竟是怎樣的一個人。

我請 Sam 告訴我，是如何想上卡內基課程的。

他說：他跟太太多年前一起參加某個商業團體。第一天需要 60 秒做自我介紹，在自我介紹後，他坐了下來，腦袋只有一個念頭，天啊！每個人都可以講得那麼清楚，那麼順，連我太太也可從容介紹自己，「我剛剛在說什麼。」

這讓他下定決心，一定要改善這一點，「如果我想成為一位好的空間設計師，跟業主溝通時，連自我介紹都做不好，對方又如何會放心給我設計，這是我參加卡內基受訓最初的念頭起源。」──**讓他人知道我在說什麼。**

而在這個商業團體中，他運用了卡內基課程中提醒的一件

事：從他人的角度看待事物，在團體中如果只顧著自己的需求，只想從團體中取得自己的需求，沒有貢獻，很快地，大家都會遠離你。所以每次參加，都想辦法去記得會員們的需要，在自己能力範圍內，儘量地提供相關的資料或協助。

Sam 說：「其實我還滿喜歡這種類似古時候的『以物易物』的互相交流。將我擁有的資源提供給需要的人，這樣我有需要時就很心安快樂的去享受他人的協助。」

人脈網的建立，應該培養自己可以提供他人養分的能力。

Sam 還說，會成為講師有部分是受到他入行老師的影響。大二的時候，有一個活動，拿出一張紙上面有很多的行業與方向，將可以捨棄的就撕掉，他一直撕一直撕，最後剩下的是「公益與教育」，這時他又想在食衣住行中，那一項是我想要的，再次利用淘汰法，食——不熱衷，衣——不在意，行——不考慮，就往「住」的方向思考吧。建築業需要大資本，所以，就由建築業的周邊尋找，因此決定從平面設計的學習轉向室內設計。

畢業時，剛好台灣設計師的翹楚——譚國良老師的公司在徵人。Sam 也參加應徵，記得，當時譚老師問了 Sam「你真的想當室內設計師？」Sam 回答說：「真的。」譚老師說：「如

果讓你來參加一個設計 show，要一週的時間但沒有打工費，你願意嗎？」San 馬上說：「當然願意。」Sam 心中當時只想到，可以跟著設計大師貼身學習，這是一個絕佳機會，那來考慮有沒有打工費？

那個設計展會，Sam 全心全意地投入，尤其一場防火材料的走秀，如何將防火材料可以跟衣服設計結合，吸引大家的注意，又達到推廣防火建材的目地，學到很多。也因為投入的程度，讓譚老師看見，在展會結束後，就告訴 Sam 明天到公司報到上班。

Sam 很高興，第二天，一如往昔穿著平日的 T 恤與牛仔褲就上班，當他從一樓經過二樓到三樓時，就被譚老師叫到辦公室，心想大概譚老師要交代公司的一些事情，一進譚老師辦公室，譚老師開口：「你這是設計師的穿著嗎？」Sam 說，第一天上班，第一句話就受到衝擊，原來設計師的表現，不僅在作品上，自己就應該是一個設計品，在跟著譚老師工作期間，譚老師常常帶著去看藝術展，聽音樂會，要求設計師要培養內涵。

這一直影響著 Sam；擔任講師給學員的不要限於技能，也要讓學員培養內心的熱情。有人會說不要從外表上去看人，但千萬別忘記，人的第一印象是依據外表來判斷的。——**掌握初見面的三秒鐘。**

Sam 說：「感覺現在周圍的人都越來越正面。」有一次，

他接到一位客戶的電話，謝謝 Sam 替他家做的裝修，這位客戶是一個公司的高階主管，在家裡改裝期間，常很用心地到現場觀看，客戶說：「有一次我在現場停留了一個下午，你們的工班正在處裡我的書房，他們真的用心，每一個地方就如同做一件藝術品般的用心，專注仔細，交給你們真是對了。」

Sam 說：「聽到客戶這樣的回饋，那種成就感真是無法形容。我要呈現的，就是客戶付出 1000 元，得到會有 2000 元以上的價值。」

現在上課也是如此，看著青年學子找到自己的方向或者找出方法面對自己的迷惑，心中就很高興就像當年有一位青少年班的同學，一直夢想當如馬友友一樣的演奏家，可以在國家演奏廳演出。Sam 一直鼓勵他，以這個目標不斷的練習。

有一天這位學生發了一個簡訊給他：「老師，我超緊張的，現在我有機會上國家音樂廳演出。」

Sam 回說：「很棒的一件事！」

學生說：「我緊張到想放棄，一直在擔心會演出失常，或許我的程度還沒有到國家音樂廳演出的水準。」

Sam 給了一個建議，請同學回想，第一場演出時的興奮與快樂，去享受它。過了一段時間，這位學生再發來一個訊息：「老師，我超高興的，演出順利！謝謝老師的建議，我很享受這一切。」

Sam說：「每次聽到學生向自己的目標前進，就高興很久。」

另一次在大學班中，有一位來自名校的學生，他的表達能力與團體融合能力都很好，可是總感覺少了一些什麼，藉著一次機會Sam跟他聊了起來，這位同學慢慢地敞開心房，分享有關他的事，他說：自己跟媽媽的關係並不好，從小媽媽在各方面都要干涉，學業上、生活上或是朋友上，如果有不合意的甚至會被罵，會那麼努力上大學，部分的原因是認為上大學後，可以盡量不回家，脫離媽媽。

經過這一番了解後，Sam告訴學生說：解開這件事的關鍵，在你的手上。這個學生很聰明，就沒有多說其他；後來，這位學生跟Sam分享，當天夜裡，他拿出紙跟筆，列出媽媽為他做過的事，而自己沒有感謝的事項，列著列著，自己的眼淚不自覺的流了出來，最後忍不住，拿起電話撥給媽媽，邊說邊哭，媽媽在另一頭，最後忍不住也哭了起來。

如果你當場看到Sam分享這幾件事的神采，你一定會想進教室。我問Sam：「你如何獲得這些人的信任？」Sam說：「我在聽他們說話的時候，我一定會看著他們的眼睛。專心的聽他們說。」

處處用心的比利時鬆餅

要讓人感到你是一位可以被信任的人，
不要忘記「視線效果」與「肢體加乘」。

看著 Sam 分享時的神采，脖子上圍著一件很有型的圍巾，我想他應該記得譚老師跟他說的，這樣才是設計師的穿著。

有一年，我在比利時安特衛普逛著逛著碰上了當地中、小學生放學，一身漂亮的校服，高興地跟朋友，一起擠在鬆餅店前，七嘴八舌的點了各式的鬆餅點心，再愉快的往家裡路上走。

我會注意到這景象，是因為到了比利時沒有吃「**鬆餅**」（Gaufre），似乎少了一些什麼！因此，我在街上眼光下意識地就會去尋找相關的店家。而人跟人的來往，如果你好奇去探索未知的對方，也要培養一些可以提供他人參考的技能、知識或經驗，否則總會覺得少了一些可以讓彼此懷念的東西，安特衛普跟我之間的無形連結，就在鬆餅與好食心。

吃鬆餅時，有人會加入一些讓鬆餅更有層次感的材料，或巧克力，或果醬，或冰淇淋，再擠上鮮奶油，看著看著不知不覺都下肚了，人際關係的建立看似單純，但為了在最初就建立彼此好感，本身必須培養人文的素養，聽音樂、看藝術展、觀賞表演、吸收文學，就像鬆餅上面添加的各項材料，增加自身的吸引力。

我記得，在謝忠道先生的書《餐桌上最後的誘惑》中，有一篇提到巴黎的米其林星級的廚師——艾力克。他在自己小餐廳期間，有一道甜點，就是**比利時鬆餅（Gaufre）**，主廚會在上面鋪上一層草莓，送到你手上時，草莓是溫熱的，這增加了

鬆餅與草莓契合的製作，讓草莓的酸甜與鬆餅，形成一種融合的口感與滋味。

人間的來往，如果能隨時給對方一些促發種子，會讓彼此的來往更有溫度。鋪在上面的草莓，緊緊吸引你的目光，聽話時把你的目光就像看草莓一樣，跟對方的眼光接觸，對方也會將注意力放在你身上。我沒吃過艾力克的草莓鬆餅，但我想他掌握了視覺與口感的成效。

今年的冬天，我應該嘗試一下，將家鄉的草莓，略加溫過，放到鬆餅上，嚐嚐看米其林主廚的點子。

先改造自己的
可麗露

拜 FB 之賜，偶爾，你可以跟朋友擺脫實際空間的限制，在線上互相問候。那天看見 Dala 的封面照，換上了一張老鷹在天空高飛的畫面，心想：她是不是又有新的突破準備將自己的夢想再推進下一個階段了。

於是問她：「準備高飛？」她回應：「老師果然行家，哈哈！老師，謝謝你，總是不藏私地傳授你的經驗、戰略和思考；我終於有了靈感該怎麼運用這些知識，跟您吃飯總是味蕾與大腦都有富足感。」看到這些，你是否會覺得有一個隨時能讚美自己的年輕朋友，會讓自己的心理年齡保持年輕。

Dala 會在生日的時候，送自己生日禮物，有時是一件衣服，或是一頓很棒的大餐，也曾經送給自己一趟歐洲旅行。有一年，她決定送自己一份特別的禮物——去上一堂巴菲特也上過的溝通與人際關係的課程。這展開了她跟媽媽互動的一段奇妙旅程。

Dala 說：媽媽的生活重心都放在小孩的身上，有 5 個小孩要培養的情況下，仍不讓小孩有學貸壓力，她只希望小孩能順利完成學業。因為如此，媽媽的生活有些緊繃，尤其對這排行最小的么女，關注得更多。在實際上，Dala 雖然體諒媽媽，但仍然會覺得有壓力，有時會想放輕鬆一點，跟別家的小孩一樣，可以高高興興的玩著過日子。關注的壓力與只要玩樂就好的心情相互矛盾，也給彼此間帶來矛盾，而 Dala 一直想改善彼此相處的情況，又可以有自己的生活方式。

Dala 很努力地嘗試，定時的打電話給媽媽，也不時的回家鄉看媽媽，同時分享自己在外的生活，但經過一段時間後發現自己回家陪伴這件事，似乎掉入一個例行工作似的，回家跟媽媽說些話——補眠——返回工作地，驚覺這不是真正的關心與陪伴。

想到要改變他人，自己要先改變。於是，改變回家後的行動模式，先鼓勵媽媽多講些自己的生活情形，然後會陪媽媽到姨丈、阿姨家聊天，陪著媽媽去運動場散步，再執行自己的慢跑活動，也替媽媽安排課程，如料理課程等。

經過了兩年多的努力，Dala 說：看到媽媽身上漸漸恢復到親友口中「傳說中開朗」的媽媽。而媽媽與阿姨兩人，因自己的鼓勵，報名健康路跑的活動，當看到兩人別上了 5 公里慢跑的號碼牌，開始起跑的畫面，她心中很興奮激動。

用實際的行動，陪著最親近的人，
共同打造健康開朗的生活，這才是人際來往的核心基礎。

Dala 在職場上，一直用溫柔的心看待人與事。有一次，她在審閱某單位送達的一個案子，其中有一項「加班費」的規定與編列，大家都覺得不合理，於是，要求對方修改，經過說明後，承辦人員仍不願意修改，於是 Dala 告訴他：「我了解，你是參考了我們給的範本，你認為這樣編列預算是對的，這樣

想我並不能說你錯;我們也用另一個角度思考看看,你跟別人簽個約,而這個約裡面規定,當他沒有做到的一些事情,你還要給他加班費等,對方會不會覺得很奇怪。」後來,承辦人員想想覺得是應該做些修正,讓整個預算案順利的解決。

Dala 說,以前我碰到這類事情,會生氣的直接說:「你給我改。」但是,現在她會嘗試**在不否定對方的情形下,讓對方更改錯誤**。

另外一次,一個業務單位的人過來討論某件事情,上司看我跟她有說有笑,就跟對方說:「我們家的 Dala 服務很好,對吧?」對方走了以後,上司說:「很多人都說她是一個恰查某,但我看妳們相處得不錯嘛!」

Dala 說:「我是一個在事情處理上會堅持原則的人,但在跟人相處上,我在講師的課程中學到:**就算不同意一個人,也不要去否定對方。**」

> 每個人的成長環境不同,就算是不同意對方的意見,
> 也不要否定別人,每個人都是獨特的,
> 尊重了彼此的獨特,才會有更密切的人際往來。

Dala 有一個工作哲學:讓同事覺得自己很重要。當換到新單位新工作時,有一項業務必須由一位職務比自己低的人來教

她，Dala一點也不在意，在心裡認為，這項事物可以順利進行，都是這位同事的努力，因此在學習中都用尊重的態度跟對方相處與學習。

有一次，兩人在一起吃飯的時候，該同事說：「我看妳對這項工作愈來愈順手了。」Dala說：「謝謝妳，沒有對我不斷問問題，覺得很煩。」對方說：「應該是你願意問問題，工作才能順利掌握。」

另外一次，將某一個案子交給一位同事，想嘗試讓她自行完成，就不過問進度，直到準備結案前，才請同事將資料整理好準備結案。Dala一看心中大喊：天啊！這根本交不上去。就問同事：「不清楚的部分，為何不提出來。」同事說：「以前的上司，都不教人，一問她，她就會拿回去自己做完。或者只告訴做法，都沒有告訴過我理由。」Dala了解後，就耐心的問她工作上的一些思維或想法，Dala說：這位同事，後來在工作上進步很快，成為單位裡的一大主力。經過這件事後同事都會虧Dala：「Dala！某某很難搞，交給你去處理。」

Dala下一個目標是學習COACH的技能，她期待自己在擔任更高階的職務時，可以讓各部門的合作更協調。

人間來往重要的是，
讓每個人都覺得自己在彼此的成長路上有幫助，
才能維持推進更多的人際連結。

你吃過**可麗露（canelé）**嗎？這款在 17 世紀出現，有著一層微硬焦糖外殼與鬆軟多孔內裡的法式甜點。**就如同要維持一個結實的人際來往，是需要某些如可麗露的外殼，經過烘烤微硬的處世原則，配上內裡柔軟站在他人立場的心。裡外配合會吸引周圍的人而樂於交流來往。**

這是相傳發源於法國波爾多地區的點心，充滿愛心與惜物，在製作波爾多紅酒時，釀酒的酒莊需要用到蛋白來當作當時的輔佐工具之一，酒莊常常會有過多的蛋黃，所以送給修道院的修女們食用，修女們利用這些蛋黃研發出此項可口的小甜點，並常常分享給貧困的人食用，當你周圍的人需要某些協助或缺乏一些資源時，你身為一位擁有者，你會如 Dala 一樣，高興地伸出援手，共享人間芬芳嗎？

這項甜點通常做得都不大，兩至三口可以吃完，覺得不過癮時，你儘管可以再來一個，人際之間的真誠分享，需要用對方需求為考量點，不是自以為是的提供過多的資訊，如同可麗露的大小，適當為佳。

曾經在日本九州的某家店中看見這項產品，上面標註的是「天使之鈴」，為何將可麗露稱為「天使之鈴」？我沒有問商家，是因為外型像教堂上的鐘嗎？還是傳說中修女們的愛心圖騰？或是吃的時候，總是感到滿滿幸福感的表徵？看著吃著就有一股說不出的扎實沉穩的感覺。

你會在什麼場合與時間點吃可麗露？

能面對負面情緒的
義大利麵包棒

　　暑期後段非常繁忙，接到了安排課程人員的通知：「老師，我再找到一位學長了，相關的資料用附件方式傳給你了。」我打開附件，不禁啞然失笑，在前一個月剛剛完成特別班的學長之一 Max，再次出現。

　　曾經是我課堂中的學員，如果約我喝咖啡，我都會很高興地赴約，那是交換生活智慧的時光。記得跟 Max 的咖啡約會，是在一間溫暖的家庭式連鎖餐廳。簡單不繁複的輕食與咖啡，讓我們的談話也像在家裡一樣的自在。

　　Max 說：當年他隨著家人結束在巴西的工作，回到台灣就學。有一天，參加了卡內基青少年暑期班的體驗會，聽著參加過的學子分享在其間對自己的影響，激起了好奇心與想法。如果一種訓練對人的成長是有幫助的，可以養成一種對未來有幫助的習慣，不要等到成年了，是應該在 16、17 歲就要養成的。就這樣，那個暑假開啟了他的「卡內基學習生活」。

　　Max 強調：**「那真的是一種生活習慣的養成，而不僅僅是知識的取得。」**一直到現在，他每年都會回到教室裡，**他認為跟學員之間的分享與互動，本身就是一種多方成長的軌跡**，工作忙碌時就安排周六進教室。

　　我笑著問他：「女朋友有沒有抗議，假日沒有陪她？」

　　他笑著回答：「我將在課程中學到的，或與學員互動的情況都分享給她，讓她也有參與的感覺，有時甚至會請她聽聽自己準備分享的故事，問她有那些部分要修正，時間是否控制得

當，讓她一起討論分享，她也很開心。」所以，女朋友很支持他進教室擔任學長的行動。

> 人脈不會自然形成，跟人的友善互動，
> 需要有良好的人間來往能力支持，不斷的調整養成，
> 與人主動分享，共享成長。

Max 說：「課程中與學員的互動也可以觀察了解自己。」有一次，一位同學在課堂上分享時，因為情緒的波動，實在無法分享完整個故事，在課後，電話聯絡中，這位同學主動說：「學長，你要不要聽我故事的後段？」Max 很高興這位同學可以信任他，願意繼續分享後段的故事，Max 說：「這讓我更有自信，或許是我的親和力，成就我跟他之間彼此信任的基礎。」

另一位同學，年齡有 50 幾歲，本身在國外工作過 20 幾年，擔任高階主管，返台工作後跟同事之間，總覺得溝通不是很順利，互相交換經驗與想法後，了解到因國內外的文化差異，溝通方式也需要調整。

Max 說：「剛開始覺得對方年齡比較長，工作經驗豐富，到底彼此可以激盪出什麼火花？有些擔心。後來發現親和力不就是對方需要的嗎？」美式的溝通較為直接，在台灣的溝通需要有親和力，Max 就發揮自己的親和力跟對方交朋友，彼此激盪。這位年長的學員後來表示收穫很多，在 Max 身上也了解

了如何跟年輕同事溝通的要領。

　　人脈不會只有同年齡層，面對的可能是 20 世代，也可能是 50 幾歲的人，如何與不同世代人的來往，真誠和親和力應該可以成為先行的促進劑

> 「親和力」在人脈形成的初期，
> 可以成功拉近彼此的距離，讓人際關係逐漸形成。

　　Max 現在很能面對負面情緒，工作也轉入業務推廣的工作。有時會接收到客戶傳過來不合理的批評或抱怨，如何快速地消除面對不合理批評的情緒波動，讓自己的工作更愉快，是一個課題。

　　Max 說：正在強化自己的耐心與信心。尤其在產線滿檔交貨期長的期間，客戶有時下單時間會拖延但又急著取貨，這時客戶端不免有很多的抱怨與不滿，他都會維持著友善的態度，跟對方說：「我們總希望交給你的產品，能讓你滿意，所以品管都會很小心地確認每一個步驟，這樣交到你們手上，你們也放心，對你們的市場更有利。」Max 說：**站在對方的立場，面對客戶的抱怨就能心平氣和，尋求解決問題的方法。**

　　面對同事也是如此。有一次工作加班中，Max 有事要跟領班商議，跟領班邊走邊談，當走到合作小組地點時，領班要講

的事尚未說完，兩個人就站在小組門口前繼續談話，合作的 B 同事認為工作很忙，Max 還在聊天，不是很高興。就跟 A 同事抱怨，A 將此事告知 Max，Max 思考：「如果我跟 B 爭辯，會解開這個誤會嗎？還是會造成 A 跟 B 彼此的不快。」Max 決定不做任何辯解或爭論。

過幾天，原定加班的時間，B 突然說身體不舒服，要回家了。Max 說：「沒問題，剩下的工作我來。」Max 跟其他同事說明加班要完成的事項時，C 同事說：「有些部分 B 有交代，Max 補強沒有交代的部分即可。」第二天，當 B 上班時，Max 告訴他說：「昨天大家都說你交代得很清楚，使加班工作進行順利。」經過這個不忘他人功勞的事件後，Max 發現兩個人之間莫名的不愉快感消失了。

與其爭辯不如替對方建立成就感，
更容易產生正面的人際關係。

看著盤中剩下的義大利肉醬汁，就想到在米蘭旅行時，所品嚐到的**義大利麵包棒（Grissini）**，在義大利的餐館裡，幾乎都會供應這道可口有脆感的麵包棒，有時會裝在玻璃瓶罐的容器中，有時擺放在麵包盆中。看似不起眼，每個人或多或少都會拿來吃，淡淡的橄欖油香，一點點的鹹味，就像人際關係中的「親和力」一樣，不是很耀眼，但每個人都買單。

我們在義大利的第一餐，一行5個人都邊吃邊喊：「好香」。
拿起麵包棒，配義式咖啡吃，當成下午茶點心，不會讓你很撐，
卻有著獨特的口感與風情；或者在用餐時，挑個捲著培根的麵
包棒，當作開胃菜，或是沾著各種義大利麵醬，成為另類的硬
式義大利麵吃，你都能感受到不同的風味。**在人際來往中避免
跟人爭辯一樣，百味可搭，沒有了爭辯，就容易在彼此之間找
到雙方的優點，與共同的意見，調和不同的想法，讓人際關係
磨出正面火花。**

那天，才可以品嚐真正的義大利杜林（Torino）的麵包棒？

24

主動出擊的
吉拿棒

這是三位 K 的故事。

第一位 K 說：我有一位可說是穿同一條褲子長大的童年好友，一年前彼此相約兩家人一起到日本旅行，在隔空商談期間，因 K 工作關係常到日本出差，對於住宿與餐飲的選擇，有些堅持，多次的協商都得不出結果，朋友不免開始說了一些酸言酸語，如你收入比較好，你如何如何啦！……之類。

K 說：「當看到這類字眼的時候，我的怒氣就來了，我自認有今天的成績，是一直認真的面對工作中的困難，是我堅持自己的方向，撥開一層一層的難關，雖然不是大成就，但我很驕傲自己的努力與奮發，怎麼可以用這點來酸我。況且，我視對方為好朋友，應該了解我才對。」這一氣就停止了討論與溝通，甚至不願意再見面。

好幾個月了，委屈的情緒與怒氣不時地出現，但心中又有另一個聲音在呼喚：真的要跟如此麻吉的朋友就這樣切斷聯繫嗎？委屈與不捨兩者交互的困擾著自己。

K 接著說：「這兩天聽著同學們的分享，在與長輩、小孩、上司和同事間的溝通，是那麼有勇氣，讓我也鼓起勇氣面對自己內心的困擾。」

於是 K 在某一天晚上，帶著一瓶紅酒，直接地去敲朋友的門，當開門的瞬間，見到朋友時第一句話是：「我來道歉的。」

K 說，就這麼一句話，兩人之間的烏雲，霎那間飄走了，

喝著紅酒，直接溝通，將文字的冰冷與酸味去除了，朋友充分了解 K 對自己努力的成就感，K 了解朋友表達方式的背後意思，K 說著說著眼眶紅了，K 說：「我體會到**人與人之間的溝通真的要有勇氣與行動。**」

不要被自己的固定思維，限制住自己的勇氣，
採取某種行動，在原來的人際連結中可以創建新的連結，
人際網就更結實了。

第二位 K 說，他也有類似的情況。一位多年的好友，只要他從海外返台到台北，兩人就會約著見面聊天。在一次聚會中，彼此對一個想法產生差異，說著說著兩個人就爭辯起來，辯著辯著逐漸脫離了主題，成了情緒的爭執，也因為這次的不愉快，心裡頭不舒服感一直揮之不去，之後回到台北，就沒有再約見面。

經過幾個月後，K 到台北打電話給對方。對方說：「見個面吧！」也不知道那根筋不對，竟然回說：「我會打電話給你，但不想跟你見面。」就這樣快一年了，沒有跟這多年好友見面。

兩天來的課程心得收穫很多，也難得在台北待這麼多天，總覺得應該讓好朋友分享自己的進展，在手機拿起放下多次後，終於讓勇氣克服了自己的固執，打了電話給對方說：「我們見個面聊一聊吧！」

當晚的聚會，兩個人都很高興，分享著一年多未見面的各自進展，笑聲連連。

K說，當我跟朋友分享這幾天上課的心得時，朋友大大的讚美了一番：「你在公司已經成為高階人員，仍然不忘學習成長，真的佩服，也謝謝你，願意分享相關心得。」

返回旅館的途中，K告訴自己，幸好鼓起勇氣碰面，重拾往日情誼，彼此分享與關懷，這真印證了課程中講師說的：「朋友如果沒有常見面聊天，也如同是第一次見面的人，如果能常常聊天，陌生人很快就會成熟人。」

見面聊天，不吝惜的分享見聞，可以讓彼此的智慧水杯，不斷地注入新的活水，這樣的人際關係才顯得更有意義。

第三位K說，他是在等待中失去了一位兒時的朋友。那時，剛完成兵役，開始工作未滿一年的時候，他們有好幾位小學同學都在台北找出路。其中一位E獲得家裡支援，在台北有了一棟房子，於是，大夥不時的就在那裡聚會。

有一次，其中一位Y說他失業二個月了，仍然沒有找到工作，看著就要斷糧了，真不知道下一步要如何？E收留了Y在家裡暫時寄住，兩週後Y問K可不可以借點錢給他，讓他撐到下一個工作找到，在領到薪水時馬上會還。基於從小學開始

就是同學，K實在不忍心看對方著急的樣子，就將半個月的薪水借給Y。

兩天後Y離開了E的家裡，朋友們都不知道他去了哪裡？是否有找到工作？從此，K就沒有Y的任何訊息。到目前為止，也不知道他過得好不好？K常會想：如果我沒有借錢給他，沒有金錢的往來，我們會不會仍然有聯繫？不會斷了多年的同學情誼。K補上一句話：「其實在借錢給他的時候，我就沒有要他歸還的意思，這個訊息可能表達得不是很清楚，變成錢出去了，人也消失了。」

人際關係就是如此的微妙；傳達方與接收方，
如果沒有溝通得很清楚，往往就斷了線，
想要再次連結機會，卻不再出現。

吉拿棒（Churro）是源自西班牙的休閒甜點。有一次公司老闆到美國返台後，很興奮地一直告訴我們，這是一個有趣的甜點，公司應該引進原料在台灣銷售，在他幾次的描述中，營業部的同仁都是一頭霧水，因為當時台灣沒有人販賣。同事也沒去過美國，就如同**人際關係彼此的溝通一樣，如果沒有考慮對方的文化背景與專業背景，就會形成說與聽的距離，永遠湊不到一塊。**

幾次後我建議老闆，下一次去美國的時候，想辦法帶一些

成品與原料回來，這樣我們才能有具體的了解。

　　幾個月後，老闆再次赴美，回來時帶回了成品與原料，技師們依照說明製作出我們的第一支「吉拿棒」，整個烘焙室充滿著香味，每個人拿著吉拿棒走在辦公室裡，除了好奇外，也像小孩子般的咬著、笑著。隨著同事走到哪裡香味就傳到哪裡。

　　如果你的人際往來如同拿著吉拿棒時的**歡樂**，不知不覺彼此之間的空氣都會有甜蜜感。而過些時候，某家電影院就開始引進這個來自美國卻源自西班牙的「油條」。

　　我到西班牙旅遊時，特別去吃原味的，也嚐過撒上糖粉或肉桂粉的，更嚐過沾上巧克力醬口味的，各有不同的趣味。**當你跟朋友間發生可能斷線危機時，何妨鼓起勇氣，換個方式去創造新的連結。吉拿棒在剛炸起來時，嘗試撒上不同的糖粉或淋上不同的醬料，伴隨著西班牙的吉他音樂，鼓起勇氣找對方共享吉拿棒，歡樂就會回到彼此之間。**

　　你喜歡美式吉拿棒？還是西班牙的吉拿棒？

視付出為樂事的
德式蘋果派

坐在上海新天地，品嚐著德國豬腳與德國黑啤酒，周圍各種聊天的聲音，傳進耳裡，有普通話、英語、法語、廣東話，偶爾也有上海話，漸漸的有種不知身在何方的感覺，放鬆與身在異地的感覺逐漸包覆著自己。

C 君看起來神采不錯，顯示這幾個月的異地工作應該適應得很好。原本多年都待在同一行業，實在很好奇他受聘移師異地工作的想法，所以有了這次小聚的聊天。

我開門見山地問道：「你自己有事業，為何在這個接近 60 的年紀，會想到受聘到國外來工作？」

C 君說：「這是幾個因素湊起來，第一，我自己的店，這幾年大部分的事務都由太太與下一代在決定與經營，實際運作已經很少參與了。第二，擔任這家公司的體制外顧問已經很多年了，期間也提供過一些想法，跟高層的溝通還算通暢。第三，對大陸的烘焙市場，聽了不少，也斷斷續續過來看了多次，感覺很熟悉但實際又不深入，想在退休前，能真正的接觸了解這個市場，以後談起來也會有踏實感。」

C 君從學徒開始到烘焙技師，然後創業，進而在公會中服務整個烘焙業，他的基本態度。──**實際的參與與在地的接觸，建立札實的經驗，認為這樣談起話來底氣更足。**

人脈網絡的形成，在初期，你如何促使自身樹立一個讓周圍人感到能信任的品牌標誌，願意實際參與的態度，應該是一項很重要的因子。

視付出為樂事的德式蘋果派

C君並沒有因為自己是老闆或擔任過公會的職務，而忽視到第一線參與的重要性，用中年大叔的經驗，年輕人的衝勁，踏入一個熟悉又陌生的市場，再劃出一條職涯的的第三曲線。

揚起自己的品牌旗幟，
踏實的參與，人脈網絡自然會產生作用。

　　C君在喝了一口黑麥啤酒後，繼續分享：來大陸工作，對他來說有一部分的優勢，在前幾年每一年，都有機會接到各方邀約演講，在當中，他整理了自己的經驗與想法，大膽無私的分享，而且每次的講題內容都更新。當然，他不可能認識每一位參加的業者，但現在，碰到曾經聽過自己這幾次演講的人，都能很快的由這點建立雙方的友好關係。

　　C君說：前一陣子到遼寧，當地的一個業者，碰到他的時候，很高興的說起，當初聽他分享的一些觀點，在事業推廣上大有幫助。然後雙方很快地建立起往後合作的概念，甚至邀約他到東營，隔著邊境看朝鮮。C君沒想過演講的分享會對現在的工作有幫助，畢竟當初並沒有規劃離開自己的企業，接受海外的工作。

　　這跟當年在公會服務時，規劃「鳳梨酥節」一樣。滿腦子只想幫助業者推廣鳳梨酥／伴手禮，絲毫沒有想到推廣自己的

店，所以，C君宣布自己的店不進入會場，沒想到這樣的決定，讓業者感受到C君的誠意，有近70家來自各地的業者參加，讓鳳梨酥節成功展出，推進了業界開發另一個伴手禮的市場。

C君說：「當然自己也多少受到鳳梨酥伴手禮市場擴大的好處，店的營業額也有所提升，這些都讓我再次領悟到：**無私的付出，總有一天會有甜蜜果實回饋到自身。**」

C君說：現在的工作是一個很有挑戰的工作，要帶一百多人的團隊，而且這個團隊已經有多年的工作模式與運作方式，擁有著多年的慣性，但公司在遠程目標下，希望在商品應用方面能更有效率，管理與制度上能更新與調整。

改變總是會碰到一些困難，C君現在要聯繫管理的單位，分布在12個城市區域，距離甚至比台北到高雄都還遠，要面對面的溝通是有困難的，C君說：目前的作法，以所謂的中央中心先溝通起，等基本條件形成，總部的人員建立起共識後，再逐漸向外擴充。期待一年後會有成果。

> 人脈網路的建立，需要付出、付出、再付出的態度，
> 最後的成果自然會回到自身。

今天的餐後甜點是「**德式蘋果派**」，我分不清各國蘋果派的區別，我喜歡的是那種甜中帶酸的口感，**建立人脈網絡的中**

心應該是真誠與願意付出，我認為蘋果派的中心就是要有一顆新鮮的蘋果，今天的蘋果派皮，並不會太厚，這讓入口時更容易融合餡跟派皮，一口下去，甜中帶酸，不會讓甜味獨佔口感，也不會讓酸味蓋過其他香味，在人際來往的彼此溝通，尊重了對方的特質，也調和了新的想法與作為，這樣人脈網路才會活躍起來。

有時候，吃到的蘋果派是有點冰涼的，有時候會品嚐常溫狀態的，也建議不妨試試溫熱的蘋果派，各有各的香味與口感。而人脈網絡的連結，也會出現各種情況，有時跟某人的連結會進入低溫狀態，有時會感到就是一般般，也可以加溫到熱烈無比，所以人脈需要維護，就如同 C 君一樣，一口答應了這次的咖啡約會，願意從距離車程一小時的地方，趕來喝咖啡。

可能你喜歡美式蘋果派，因為它在美國文化中成了不可或缺的一環，那種美國鄉村的純樸與粗曠都能在派中呈現。或是你會點英式蘋果派，讓梨子與蘋果的混合口感，在溫熱的口中開始幻想自己就是英國貴族，優雅的享受著下午茶。還是會嚐嚐法式蘋果派，那種堅持自己歷史的情懷，而薄薄的派皮，不搶走餡料的風采，偶爾在頂上還用格子狀的派皮作裝飾。

都是蘋果派，如果不換著品嚐，如何體會彼此些微的不同。人脈網路的建立，也需要不同的機會。給自己一個機會去拜訪熟人，讓自己跟熟人的連結更強一些。

你分得出來，德式、法式、英式、美式等各國的蘋果派嗎？

195

視付出為樂事的德式蘋果派

26

凡事正面的
馬卡龍

DZ 是我在博士班中見過最認真研究、寫論文的一位同學，從我知道她的題目方向確認後，整整 2 年半的時間，見她不斷的找教授找同學討論，不斷地修改她的內容，有時候在課堂外，也可以看到她在電腦前劈劈啪啪的打字或者撰寫內容，一位高階經理人對自己論文投入如此多的時間與心力，真的不簡單。她認真的看待每一件事情。

有一天我接獲她的訊息，她邀我一起前往中壢，向同學的長輩過世哀悼致意。我將原定的事務排開，跟隨其他幾位同學一同前往。在研究所同學中的活動，常可以見到 DZ 的身影，兩個月一次的分享會，她總是熱心的安排場地，事前聯絡同學，安排分享會中要報告的同學，作事前準備的會前活動討論會，DZ 也都會撥出時間關心參與。

她說：「同學都撥時間來參加並且分享聯誼了，總希望大家的時間不會浪費。」有一位處處替同學著想，又願意付出實際行動的同學真好。

那天，從中壢回到台北，已經到了晚餐時間，於是，大家就說到其中一位同學家附近的北京樓簡單吃個飯，在用餐靠近尾聲的時候，DZ 突然問我：「學長，過兩天是你的生日對吧？」我說：「是的，我是年尾出生的。」這時，DZ 從她的手提袋中拿出兩個小蛋糕，一邊擺上桌，一邊唱生日快樂歌，我才想到，剛剛來餐廳的路上，DZ 跟我們說，她去買個東西，隨後就來，應該就是去買這兩個小蛋糕，份量剛好的蛋糕，正適合

我們幾位的胃口，她充滿關心他人的心意與行動，讓溫馨總是圍繞在大家的身邊。

在生活中，真誠關心，會讓人溫暖很久，
是真正窩心的人際互動。

DZ 的工作歷練讓我驚訝。她歷經財務部、業務部、生產部。她說：「每一個部門都很有趣，在轉換部門的時候，我都抱著好玩又可以接觸不同人的興奮心情，有的職務是公司派任，有的是我自己請調的。」

有一次，她接到公司的派任，要她到公司轉投資的 A 公司，任務是協助整理財務部門，她說：自己也沒有多問，公司派任就接下來，到任後，才發現困難重重，可以想像總公司派來的財務人員根本不會有人歡迎。

DZ 說：「相關資料真的很亂，亂到沒有人可以搞清楚公司的經營情況」，DZ 冷靜思考後，決定從最基本的資料整理與導入財務系統的系統運作開始，剛開始跟會計人員要資料，總是缺東缺西，或者是會計人員自行整理的片段資料，更有人就乾脆說：「不知道。」DZ 用平常心接受這種狀態，畢竟有人空降來當你的主管，而這主管又是總公司派來，擺明是認為原來的工作沒有做好，不願意配合也是常理，就用這樣的同理心態，開始導入財務系統的調整。

DZ 本身就有一個專長，就是將各種工作整理成系統化的整合能力，在經過一段時間後，相關的人員發現用新的系統運作，工作的資訊透明了，效率提高了，大家的工作，不再忙與盲。

經營層發現原來不清楚的營運狀態，現在也一目瞭然了，更發現原來公司是有盈利的，至此，所有人的態度才開始轉變，配合著 DZ 的方法作業，DZ 笑著說：「雖然沒有到被喜歡的程度，至少不被討厭了。」一起工作的同事可以不用變成朋友；同事只要不批評或責備對方，就有機會成為合作同事，完成共同願景。

DZ 不僅是用「同情她人的想法」做出發點，更用感恩的心情看待他人。

一般的公司，如果有同事要到大陸的工廠或公司去協助，在出入大陸時，基本上都會派車做接送。她說：第一次去大陸公司的時候，接機了，但要返台的時候，當地的主管只給了一張字條，上面寫著：「從公司坐大巴到 ××，再接火車到 ×× 再轉車到 ×× 就可以到機場了」，當初拿到字條的時候，真的傻眼，但也摸摸鼻子，就自己一路摸索著回家，也因為這趟的經驗，讓她進出大陸到客戶處，到各地工作，各種困難都視為當然，也藉此培養出更大的膽識，「現在走南闖北根本視如平常，想到這點，我還蠻感激當時大陸的主管。」

用正面的方式看待不合理的對待，
人際的來往就減少負面的羈絆，
不受羈絆就有機會開創新局。

有一段時間，DZ 公司的生產單位少了主管帶領，客戶交貨日期總是延誤，DZ 向公司表示自願擔任生產線的督導。DZ 說：剛下生產線帶領產線同仁的時候，非常不習慣，因為情況特殊，整個廠的生產人員，瀰漫著等著被遣散的心態，都沒有心上班，產量一直拉不起來。

DZ 見狀，如果無法準時交貨給客戶，情況會變成惡性循環，整個經營會產生危機，於是她跟產線人員溝通，訂定出一套產量與獎金結合的方式，經過幾次的溝通，產線人員覺得公司仍在努力，才定下心來，產能開始上升，直到提升效能達到 3 倍，才紓解交貨的壓力。

期間，有次大夜班的幾位同事，翹班離場，喝酒回來後跟同事發生衝突，雙方大打出手，此事，在產線上是一件非常危險的事件。

DZ 一定要處理，於是她將翹班的人員記過並且處以約為薪水 1/3 罰金，其中有位員工非常生氣，衝去責問 DZ，面對一位說話粗裡粗氣又生氣的人，DZ 說：當下告訴自己要冷靜地跟他說，於是，告訴對方，他的行為對工廠的危害有多大等等，如果沒有處罰，我們的工廠就完了，大家也可能失業，同

時也告訴對方，督導大家的工作順利進行與維護大家工作中的安全，是她的責任，發生這樣的事情也表示她沒有做好，所以自己也處分，同樣罰 1/3 的薪水。

對方聽後，認為這個主管不是只會管別人，該負責的自己有負責，這才接受 DZ 的處理方式。自此，工廠員工認為這個督導是平等對待大家的，逐漸地接受 DZ，配合著各項推動作業，逐漸進入正常的生產情況。

當要指責隊友的時候，也要清楚自己該負的責任，這才是團隊領導者的人際關係領導力，了解對方的感受，更能讓雙方達成共識。

很多人都喜歡法式甜點**馬卡龍（macaroon）**，繽紛的色彩讓人看了就想咬上幾口，據說，這道甜點是從義大利某個修道院傳出來的，當時有位修女為了替代葷食，而製作這種杏仁粉的甜點，所以又稱為「修女的馬卡龍」，直到西元 1533 年佛羅倫斯公國的公主凱薩琳‧德‧麥地奇與法蘭西王國國王亨利二世（KingHenryII）結婚後，公主的隨從、僕人和廚師也陪嫁到法國，把這道甜點帶到了法國。

近代巴黎的糕點師傅 PierreHermé，利用三明治夾法將甜美的稠膏狀餡料夾於傳統的馬卡龍圓餅，創造了更多的口味與色彩，讓更多人喜歡。

一個人在職業生涯中，一般都會選擇一個自己認為最可以發揮的部門，以專業作選擇，或者選擇財務專業，或者選擇業務行銷專業，或者生產管理。

面對不同團隊的屬性與反應，都不盡相同，要像 DZ 這樣，能在不同的單位都可以發揮作用，除了專業知識以外，共同點就是善於溝通，培養自己的人際領導力，讓自己到那裡都可以發揮，真的好像馬卡龍一樣，主要由杏仁粉麵糊加上不同的香料與顏色而成，讓世界不同區域的人都喜歡這個甜點。

對待團隊成員也要像馬卡龍一樣外殼酥脆，內部卻濕潤、柔軟而略帶黏性，這樣相關的人員就會感受到你酥脆是為了完成任務，必須堅持大原則，濕潤與柔軟又帶點黏性，是為了融合大家的力量，久而久之，你發出如杏仁般香氣的人際氣息，自然會吸引他人願意靠近，而發揮團隊力量。

要挑戰不同地域或不同職務之前，可以進到馬卡龍專賣店，你會發覺各國各有偏愛的夾心口味，基本有香草味、巧克力味、焦糖味、還會有榛果味、香檳味、杏仁酒味、日式抹茶味、肉桂味、檸檬味、橘子味以及樹莓味等。

所以，**帶領團隊的時候要用心觀察，才會知道各地或各種專業的團隊喜歡什麼口味，藉著了解彼此後，調配出更漂亮的智慧色彩，發揮團隊的力量。**

如果你做主，你會在馬卡龍的夾心，夾入什麼餡？來呈現
你自己的馬卡龍呢？

貼心經營的
葡式蛋塔

H 是一位在連鎖體系下的加盟創業者，在同一個體系中的其他加盟業者的眼中，是一位成功的經營者，已經邁向 10 個門店的階段。

H 說：「經營 10 年了，在業績上是 0k 的，也吸收了不少營運上的 Knowhow，但身處服務業中，尤其我們要大量跟客人面對面的接觸服務，如何培養『適合的人才』才是我真正的挑戰。」

H 創業前的工作是在製造業，講究的是重視工作的流程與嚴格的 S.O.P，讓工作發揮效率。剛開店的時候，工作習慣不變，定了很多嚴肅的規定，甚至，在下班後會要求同仁留下來學習各項技能，當時，認為這些都是正常，在原來的職場就是如此。

漸漸發現人的留任率太低了，時間都被召募新人，訓練新人等事務佔用，阻礙了原來發展計劃的時程；思考後，開始找如何讓人留下來的書籍看，或在車上放有關領導及如何帶領團隊方面的 CD，甚至去上領導溝通的課程，就是想找出「增強人員留任率」的方法，現在人員比之前更穩定了。

H 的這段心路歷程，讓我體會到一個成功的創業者，在清楚目標方向的情況下，還是必須有：**先求自己改變，再去影響團隊的心態**。H 並沒有將這責任推給現代年輕人的工作觀或現實環境因素，而是無時無刻的尋求可能的解決方法。這還真是創業者的態度。

> 人際領導的形成與否，最有影響力的應該是自己，
> 將「我」這個品牌擦亮，人際關係就會形成正面回饋，
> 這需要不斷的反思行動。

我問 H：「你的第一步採取什麼行動？」

H 回應：「經過多方探討，我決定採取讓同仁有被肯定感。所以，我開始給同事工作回饋，就是一發現有做得不錯的地方，立即給她讚美；一段時間後，發現同事的工作幹勁愈來愈好。

H 決定進一步深化這個「肯定同事的行動」。

H 找了一家店實驗，在每次的店會議開始時，增加一項議程：讚美你的同事，在這段期間表現很棒的地方。

剛開始由店長帶頭分別公開的讚美肯定該店的其他人員，然後一位一位的輪流讚美肯定同事，幾次以後，我發現該店的工作氛圍變了，偶爾會有的八卦現象消失了，大家有說有笑的彼此支援工作的情況增加了。

接著，H 就將這個活動推廣到每一個分店，同時，自己也增加到每家店「聊天」的時間，真的是在聊天，讓大家的「心不要太緊」，現在整個公司人員的留任率大幅的增加，所以今年就依照計畫多加開了幾家店。

> 領導者用肯定的眼光與行動，去看待其他人，
> 獲得的回應，會出乎自己的意料之外，
> 正面的氛圍才能鼓動周圍的人跟自己建立更強的連結。

　　H 接著分享，其實在春節期間，還發生一件令自己困擾的事。有兩位資深的員工在春節前夕才說要離職，而且依照法律，她們該有的權利計算下，整個月都可以不來了，剛開始聽到時真的很嘔，自認平日對她倆也不錯，怎麼可以如此不通人情，說離開就離開，還選了一個不恰當的時機。

　　H 說：自己在家生了好幾天的悶氣，後來想想，年輕人要闖蕩也是正常的，與其抱怨不如站在他們的角度想，經這樣一想，不愉快感突然就消失了，於是就找了個機會到她們合作的餐廳去看看，表示鼓勵。同時，告訴她們如果有需要協助的地方，或需要找人商量一些事務，儘管打電話來商量。

　　H 說：「這個行動原來只是要自己寬心，繼續前進。沒想到這行動傳回了公司內部，同事都覺得老闆有夠貼心，反而促成了自己與員工間的關係更加密切。」

　　譬如，開始有人會主動提供意見，為的是讓店的業績更好；如果發現某個作法說不定可以幫助其他分店，也樂意分享給其他分店。甚至在旅行時，會提醒：「老闆，你剛剛買的某個伴手禮，賞味期間是在 X 月 X 前，不要忘記吃了。」在工作上與生活上逐漸消褪了純粹工作的關係，除了公事外更強化了私

領域的互動，在企業主與員工的關係中，添加了朋友式的關懷，工作領域顯得更有趣而且戰力更強。

> 用真誠關心帶動彼此的關懷，
> 在工作上、生活上有更多互動。
> 這才是有效的人際關係領導。

有一年，我在珠海拜訪客戶後，準備返台，陪同的同事說：「劉總，你乾脆經過澳門返台好了，我順便帶你去吃澳門有名的「葡式蛋塔」創始店。」就這樣，我有機會親自到澳門去品嚐剛出爐的葡式蛋塔。

「蛋塔」大致分成奶油蛋塔與酥皮蛋塔。當年風靡台灣的，葡式蛋塔是屬於酥皮蛋塔，熱呼呼出爐時，大家都會被香味吸引，忍不住排隊買上幾個吃吃。

這次在澳門品嚐時，滑嫩的布丁餡，進入口中瞬間化開，可以感受到濕潤與高溫烤後的香氣，像極了一個人真誠關心他人時候的熱情，能讓人感到真誠帶來的溫度與關心的柔軟，不禁會使人感受到被關懷包圍的喜悅。

輾壓製作酥皮時，會不會讓人想起人際關係的形成，也是需要常常經過輾壓，才會讓彼此有著較緊密的結合；在高溫烘烤後，又讓彼此有著空隙保留著適當的距離，使口感更酥脆。

這時用牛奶與蛋為主的布丁餡，會發揮如同人際關係中讚美的力量，使酥皮的酥脆中產生潤滑，讓各自獨立中，會因為讚美不否定各自的口感與獨立，進而形成一體的綜合感。其實每一個讚美的基礎，就在沒有否定對方的本意而產生，肯定對方也帶來正面的人際關係。

下次到葡萄牙時，不妨去找找那源自修女惜物愛物而創作的「葡式蛋塔」跟我們認識的「葡式蛋塔」有何不同？

第三部分

小結語

一項烘焙產品被創造出來後，流傳到其他地方或經過一段歲月，在烘焙師彼此的交流，與各地素人的好奇下，會添加一些大膽的創意，讓烘焙品產生蛻變，進而呈現出現新的形態，新的口感與香味，使該項產品繼續地受到人們的矚目。於是，會有百年產品在傳統中帶有現代感的風味出現，人際關係在建立後，在原有基礎上，除了維持外，也不妨隨著時間加入一些新的元素，讓人際來往更有樂趣而延續。

人際網絡的維護需要「勇氣」：

❶ 要有不受前例制約的勇氣，更新自己，創建新的連結，延長人際網絡的生命週期。

❷ 願意分享自已的生活智慧，培養自己成為提供他人成長的養分來源，讓彼此產生深度連結。

❸ 真誠不矯情，平凡的語言與行動，也可以讓雙方產生有溫度的感受。

❹ 與其爭辯，不如建立對方的成就感，讓正面的人際來往更有意義。

❺ 不要忽略外在的形象，它跟豐富的內在一樣重要。

貼心經營的葡式蛋塔

後記
讓甜味佈滿自己的人脈網

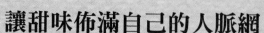

　　到日本旅行的時候，我很喜歡到百貨公司的美食甜品區逛逛，琳瑯滿目的甜品，常常看到忘了腳酸，傳統的日式大福、茶點到法式甜點、歐式麵包、日式麵包等各式各樣的烘焙產品，看看這邊也喜歡，看看那邊也想吃，總覺得兩個胃都不夠。

　　看著那些吸引人的麵包與甜點，覺得製作的麵包師與甜點師，有夠厲害，透過各種烘焙製品就可以吸引人的眼光，甚至勾起想快點嚐一口的慾望。這算不算烘焙誘導？

　　烘焙的世界是很奇特的世界，你可以學習技術成為專業的烘焙師，也可以因為興趣，成為業餘的烘焙人。如果不喜歡動手，也可以讓自己成為品嚐烘焙產品的美食者，在分享著自己製作的麵包，或分享著吃到的美味甜點，甚至只是想在社交的虛擬世界中 PO 個美食照，讓遠端的朋友看到你生活中的烘焙樂趣，都是對自己跟朋友一項平凡卻快樂的禮物。

　　人際關係的建立與維護，如果把它變成一門學問，覺得就失掉了人際來往的本質，它就是生活的一部份，跟我們從小喜歡吃糖開始，到長大後總把甜點列入使人幸福的食物一樣，自

然輕鬆且單純的跟他人來往，這件事沒有太高深的學問，就像生活中的烘焙產品一樣，用心去了解，全心的去建立，貼心的維護，就可以享受到自己烘焙出來的人際關係，帶給自己豐富生活的機會。

有一天，我走在路上，前頭有一位媽媽帶著約 3 歲的女孩，看著那小小女孩，高興地邁著小步，東看看，西瞧瞧的跟媽媽邊走邊聊，讓我不禁覺得人真的偉大，一邊接觸外面的人、事、物然後長大，這過程會跟多少人有連結，如何在跟他人的接觸連結中，彼此互動讓生命更精采，是一件很棒的事。

美國著名推銷員喬·吉拉德提出的：你如果贏得了一位顧客的好感，就意味著贏得了 250 個人的好感。

不知道，如果要你列出人際網絡中家人、朋友、或熟識的人，你可以列出幾位？會有 36 個人，還是 50 個人或者有 250 個人（不包含只存在網路世界的朋友），當然，如果用中國人的九同關係去計算，可能不只這個數字。

　　從小開始跟人的關係，就像畫一張人脈心智圖一樣，隨著時間與環境的變化，每一條線逐漸的越畫越長，不斷的擴張，漸漸的，形成了自己的人際網絡心智圖，每個階段或有不同的人出現，有新的會出現，有人會離開，但那種人與人的聯繫，甚至藉著對方而連結到另一個人，這些人在自己的生命中，或多或少的教會了我們一些事，帶來歡樂，甚至帶著我們進入先前無法預知的世界，讓自己保持單純、真誠的心態，好好享受這樣美好的人間來往。

　　承認每個人都有其獨特性，藉著在建立自我品牌上的努力，無論何時何地都抱著感恩的情懷跟對方親切的來往，相信逐漸地會創建出彼此的共鳴區，讓共好的時光拉長。

　　當然也不要給自己太大的壓力，人與人的來往可以承受的負載量，有一定的限制，在每個階段都會有人進來，有些人會不知不覺間就「絕緣」了，並不是對方討厭你，而要跟你割斷關係，只是人的每個階段在價值觀上，生活型態上，思考模式等，會產生不同的變化，關係是否會永遠維持，並不確定。

「緣起緣落」是人際關係中的正常現象，惟在每個當下，跟他人的關係是否良善美好，確實是看你如何去建立維護彼此的關係連結。

我研究所的一位同學 S，他是一家上市公司的董事長，在畢業後，他聯絡了 20 幾位前後期的的同學，定期的做一個分享會。對於當前的商業環境與經營模式等，大家交換意見看法，而每半年的企業參訪，S 都會撥出一天親自在事前，做實地的勘查與了解整個過程，甚至，由那個交流道出口下，哪個路口轉彎，S 都會記下來，也會到預定聚餐的餐廳，事先去嚐嚐看。

我曾經問 S：「你公司事務如此繁忙，又有那麼多的社團活動要參加，為何還要親自做到如此地步？」

S 說：「同學難得聚會，我不想讓同學們熱情的參與，毫無收穫白費時間，所以想更仔細的做好安排，才能放心。」

我知道研究所同學們都很喜歡跟 S 一起討論，一起活動，

而這些同學在各自的領域中都是屬於所謂的成功人士，喜歡接近 S，應該是 S 面對同學態度的表現吧。S 在同學來往中，忘記自己的身價只重視同學情誼的心態，串起了大夥的精彩人脈網。

隨著歲月的改變，人際關係也會有變與不變，而其中不變的是：保持自已的特色，才能吸引更多的人願意跟我們來往。要改變的是：為了保持自己的特色，我們需要成長改變。人際關係的建立與維護都是生活中的事，只要問自己想擁有什麼樣的人際關係？願意做什麼？

想吃甜點的時候，想想你今天想吃那一種甜點？你會約誰一起喝咖啡呢？這正是你人際關係建立、維護、運用的開始。

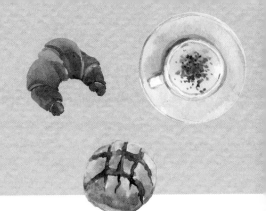

貼心經營的葡式蛋塔

一起喝杯咖啡吧！

27 道人際溝通與烘焙美食的邂逅

作　　　者／劉昭榮
美 術 編 輯／申朗創意

總　編　輯／賈俊國
副 總 編 輯／蘇士尹
編　　　輯／劉佳玲
行 銷 企 畫／張莉榮・蕭羽猜

發　行　人／何飛鵬
法 律 顧 問／元禾法律事務所王子文律師
出　　　版／布克文化出版事業部
　　　　　　台北市中山區民生東路二段 141 號 8 樓
　　　　　　電話：(02)2500-7008　傳真：(02)2502-7676
　　　　　　Email：sbooker.service@cite.com.tw
發　　　行／英屬蓋曼群島商家庭傳媒股份有限公司城邦分公司
　　　　　　台北市中山區民生東路二段 141 號 2 樓
　　　　　　書虫客服服務專線：(02)2500-7718；2500-7719
　　　　　　24 小時傳真專線：(02)2500-1990；2500-1991
　　　　　　劃撥帳號：19863813；戶名：書虫股份有限公司
　　　　　　讀者服務信箱：service@readingclub.com.tw
香港發行所／城邦（香港）出版集團有限公司
　　　　　　香港灣仔駱克道 193 號東超商業中心 1 樓
　　　　　　電話：+852-2508-6231　　傳真：+852-2578-9337
　　　　　　Email：hkcite@biznetvigator.com
馬新發行所／城邦（馬新）出版集團 Cité (M) Sdn. Bhd.
　　　　　　41, Jalan Radin Anum, Bandar Baru Sri Petaling,
　　　　　　57000 Kuala Lumpur, Malaysia
　　　　　　電話：+603- 9057-8822　　傳真：+603- 9057-6622
　　　　　　Email：cite@cite.com.my
印　　　刷／卡樂彩色製版印刷有限公司
初　　　版／2019 年（民 108）12 月
售　　　價／300 元
Ｉ Ｓ Ｂ Ｎ／978-986-5405-40-3

國家圖書館出版品預行編目（CIP）資料

一起喝杯咖啡吧！27 道人際溝通與烘焙美食的邂
逅／劉昭榮作.
 -- 初版 .-- 臺北市：布克文化出版：家庭傳媒
城邦分公司發行，民 108.12
　　面；　　公分

ISBN 978-986-5405-40-3（平裝）

1. 人際傳播 2. 溝通技巧

177.3　　　　　　　　　　　108021166

城邦讀書花園　布克文化
www.cite.com.tw　WWW.SBOOKER.COM.TW